JN094793

戦国の栄光

上杉謙信は何を目指したか

金子 太治

さきたま出版会

上杉謙信の本拠地　春日山城跡（新潟県上越市）上越市教育委員会提供

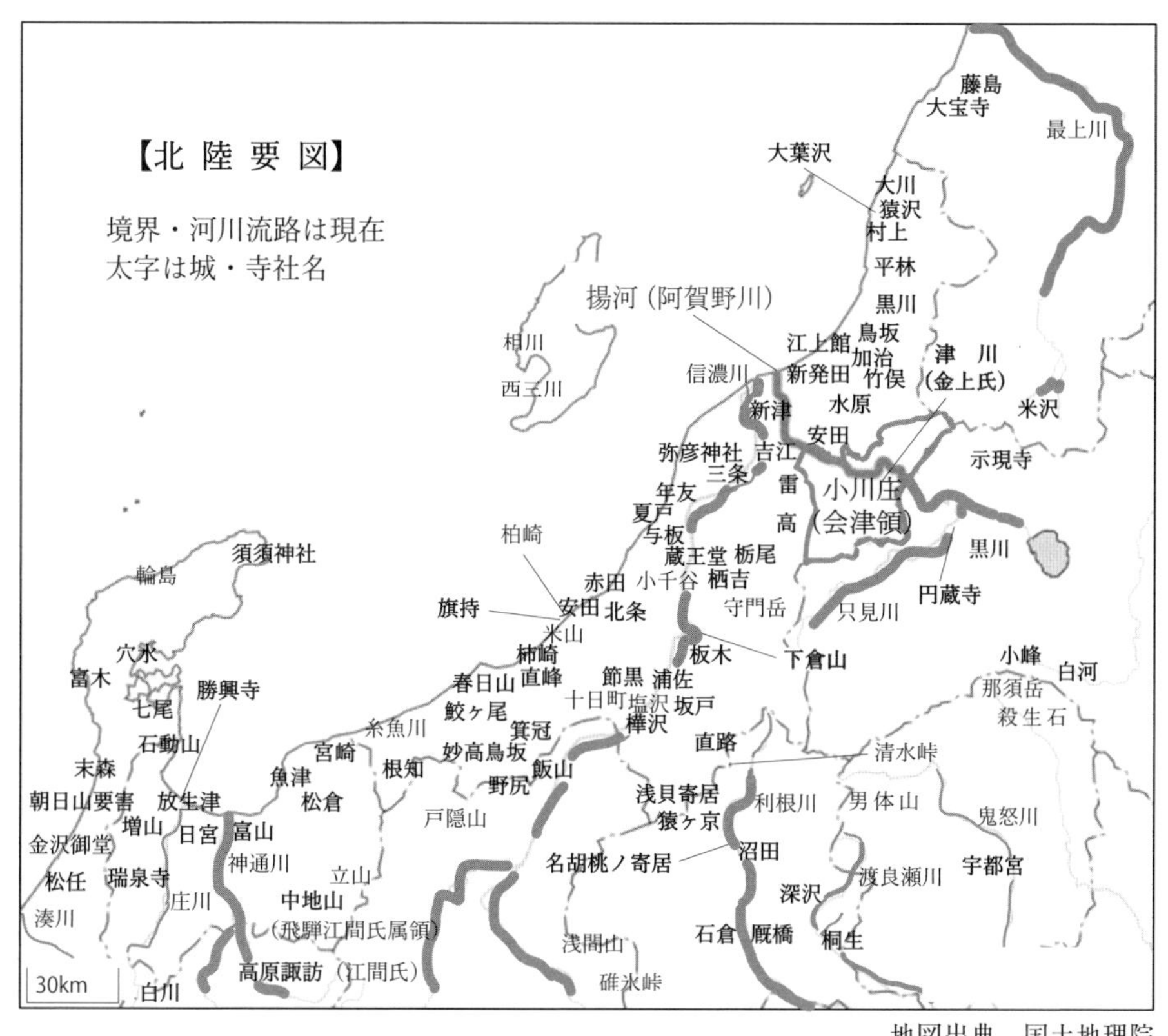
【北陸要図】
境界・河川流路は現在
太字は城・寺社名
藤島
大宝寺
最上川
大葉沢
大川
猿沢
村上
平林
黒川
揚河（阿賀野川）
相川
西三川
江上館
鳥坂
加治
津　川
（金上氏）
信濃川
新発田
竹俣
新津
水原
米沢
安田
弥彦神社
吉江
三条
示現寺
雷
小川庄
年友
夏戸
高
（会津領）
柏崎
与板
黒川
蔵王堂
栃尾
赤田
小千谷
栖吉
須須神社
輪島
旗持
安田
北条
守門岳
只見川
円蔵寺
米山
穴水
柿崎
板木
下倉山
富木
春日山
直峰
節黒
浦佐
小峰
白河
勝興寺
那須岳
七尾
鮫ヶ尾
十日町
塩沢
坂戸
殺生石
石動山
糸魚川
箕冠
樺沢
宮崎
妙高
鳥坂
直路
清水峠
末森
魚津
根知
飯山
朝日山要害
放生津
松倉
野尻
浅貝寄居
利根川
男体山
増山
戸隠山
猿ヶ京
鬼怒川
金沢御堂
日宮
富山
沼田
神通川
名胡桃ノ寄居
宇都宮
松任
瑞泉寺
立山
深沢
渡良瀬川
庄川
中地山
湊川
（飛騨江間氏属領）
浅間山
石倉
厩橋
桐生
30km
高原諏訪（江間氏）
碓氷峠
白川

地図出典　国土地理院

はしがき

今から四十年も前になるが、大学の卒業論文で「上杉謙信と関東との関係」を書いた事があった。なぜ謙信は関東に出陣したのか、関東の在地勢力とはどのような関係であったのか等、当時の戦国史研究の中でも重視されている分野ではなかったが、学生時代の心境としては興味が尽きなかった。関東にいたわけでもなく、なぜだったか未だによくわからない。謙信は晩年、北陸で、ある程度の「成果」は上げたが、関東では何も得るものがなかった。――研究史ではそんな括りの評価であった。上杉氏の研究そのものが比較的少数であった。行政史料が少ないというのも一因だろう。

子供の頃から戦国時代に関する本を読むのが好きで、外で遊ぶよりも室内でそうした本を読んでいると何より楽しかった事を覚えている。ＮＨＫ大河ドラマ「天と地と」の影響が多分にあったと思う。少なくとも謙信には興味を持った。武田信玄ではなかったのは、やはり静岡県で生まれ育ったからだろうか。今川義元も地元では評価が高い。近所には今川氏の子孫の方もいた。小学校では徳川家臣系の名字がズラリと揃っていた。実は、当の本人も遠州永井氏の末裔である。

大学に入ると、歴史上の人物評価もまた変わってくる。勉強不足で英雄史観はまだ根強いものがあったが、研究書は社会経済史中心であり、人物史そのものは評価が難しいという面も理解した。学校は関西地方で仏教系であったため、同級生たちは出身地域の寺社成立史であるとか西国の戦国大名論などを扱う傾向が強かった。恩師は主に中世禅宗教団成立史に関する研究をなさっていたから、関東方面の戦国大名に関する研究は最初から手探りで見当をつけていくしかなかった。

それにしても当時は、後北条氏を中心として戦国地方史研究が飛躍的に進み、新編の埼玉県史や新潟県史、群馬県史といった地方自治体史が次々と刊行されていた。そうした過程において新発見や再評価の影写本史料も次々と活字化されていき、苦労して手に入れた『新編埼玉県史資料編　中世2』は、長らく自身の「バイブル」となった。羽生城主・館林城主となった広田直繁の存在を知ったのも同書のおかげだ。多分、この書がなければ冨田勝治氏を知る事も、羽生史談会を知る事もなかっただろう。

今、埼玉にいるのは少し不思議な感じがする。歴史研究とは無縁の職業人を歩んだが、ずっと戦国期の研究を打ち上げたいとは思っていた。冨田さんが創られた羽生史談会に入ったのは職業人生も終わりが見えてきた頃であった。再び上杉謙信が、中世末の躍動期――それこそ力強く舞い上がった広田直繁ら戦国人たちの栄光群と共に近付いてきたのだ。

人事異動で岩槻区内にある職場となり、仕事で度々岩槻城址公園に行く事があった。空堀を歩く度に不思議な感覚にとらわれた。戦国期の岩付城を思い起こす事は不可能だが、蓮池を見る度に仕事そっちのけで心が躍るのは悪くない。

ここは戦国時代、太田氏が拠った城なのだ。上杉謙信の与党だった太田資正の城であり、小田原合戦では戦場となって大勢の人たちが死んでいった事だろう。こうなると理屈ではない。何かに突き動かされるように前に進むしかあるまい。

論考1のサブタイトルにある「戦国期連合権力」とは、矢田俊文氏著作である『上杉謙信――政虎一世中亡失すべからず候』　ミネルヴァ書房　二〇〇五年　の序章（御館の乱）に少なからず衝撃を受けて、文中の言葉を、借用させていただいたものである。筆者は氏の学位論文は拝読していないが、上杉氏の権力が国内の大領主連合であったという見解が、まるで砂地に水が染み込むように自身の頭の中に入ってきたのだ。それはまるで、大先学の井上鋭夫氏が論述されていた「上杉分国の本質」論が発展した形として、我が目の前に現れ出でたといっていい。

権力者はだれでも「専制君主」を志向するが（謙信もそうだったと思うが）、実際は妥協の産物が多い。戦国越後においても例外ではない。史実を見れば妥協に次ぐ妥協の連続であり、国内有力豪族の力を借りねば越後「統一」は不可能だった。まさに矢田氏のいうように、謙信は「戦国期越後の盟主」であった。しかし、それが戦国大名権力の普遍的な形であるかといえば、筆者なりにそうではないと考えている部分がある。まずは中身を読んでいただきたいと思うが、本書は戦国大名の権力論ではない。越後や北関東の戦国を生きた人たちをほんの僅かに描写した郷土史（地方史）である。理論的支柱は宙に浮いているけれども、心情論から入る郷土史が文献史学の裏付けをとれば、自身としてはそれで満足である。

全体を見ると、羽生史談会会員のために書き下ろした部分（Ⅱ章）もあり、昔書いた原稿の焼き直しもあるから、まとまりがなく章ごとの様式・言い回し、用語の統一にも欠ける。掲載史料・記述の重複も多い。今回の出版にあたり、それなりに中身の訂正はしたが、敢えて不完全のまま残している部分もある。註の量が多いのもその一つである。文章の完成度を高めると、自分の人生が終わってしまう不安に駆られるからである。還暦を過ぎた人間の戯言だと思っていただいてもいい。

三十数年間、歴史研究とは無縁の職場で働いてきて、やっとの思いの一冊である。

戦国の栄光──上杉謙信は何を目指したか／目次

論考 1

上杉謙信は何を目指したか
——戦国期連合権力の地平——

Ⅰ章　謙信の生きた越後

はじめに

冒頭から唐突ではあるが、越後守護代である府内長尾氏から出て山内上杉氏の名跡を継いだ戦国大名、上杉謙信[1]（永禄三年〔一五六〇〕までは長尾景虎だが、煩雑になるのでここでは上杉謙信で通す）は、「西洋史」的に表現すると、織田信長と同じように「重商主義」の人だった、といえるのではないだろうか。分国支配では、農民政についての史料が少なく、後北条・今川・武田氏のそれと比べると見劣りがする。特に、謙信時代の検地を示す史料は今のところないようである。しかしこの部分は、多くの先学研究者も指摘しているとおり、越後という国の社会構造・地理歴史的風土が大きく関係していると思われる（この点については後述する）。では、謙信のとった商業政策とはどんなものだったのか。更に進めて、動乱の時代に越後の武家領主として何を思い、何を目指そうとしたのか。市井の郷土史家なりに、地方社会における一つの「戦国大名の形」として考えてみたい。

なお、越後守護上杉氏と区別して、謙信が継いだ以降の山内上杉氏を意識したい場合は「長尾上杉氏」と記述している。そうなると文脈が混乱しかねないが、筆者の力量不足でありお許し願いたい。

越後の青苧

謙信の商業政策は、青苧(あおそ)が有名だ。即ち越後一国を大きく超えて、越後産商品の流通経済を重んじ、日本海に面した府内、柏崎といった港湾都市の直轄統制や上杉家京屋敷を拠点とした、例えば広義でいう麻系衣料となる青苧（苧(からむし)）、越後布の畿内方面への販売等が挙げられる。謙信に限らず時の越後政権は、青苧・越後布の流通・販売に関わる国内商人を保護する代わりに、彼らから関銭や公事銭（営業税）を徴収して権力の財政基盤を強化した。衣料史的にいえば、木綿衣料が麻系にとって代わろうとする頃である。ただあくまで税収の基本は、田畠からの年貢であり、青苧役等の流通課税による収入が大部分を占めていたわけではない。むしろ稲作や新田開発が不安定だった分、これを補うものだったと考えられる[2]。

この他、政権の財政を潤した存在として領内金山・銀山の採掘が昔から語られているが、景勝時代はともかく、謙信時代の産出状況について具体的記録は残ってはいないようだ。ただ、永禄七年（一五六四）、天正元年（一五七三）に上杉関東味方中[3]である太田資正、羽生城の木戸氏らにそれぞれ黄金百両、二百両を与えるといった記述が見え、領内の金銀産出はそれなりのものがあったとみえる（「上杉家文書」『埼玉県史資料編6中世2　古文書2』四一九号　「下條正雄氏所蔵文書」同書七八五

号　以下、埼＋史料通し番号で記す）。

青苧についても、年間の売り上げであるとか、生産高が記録として残されているわけではない。研究史の確認になるが、産地から商人の手に渡った流通の初期段階で課税する一例を挙げてみよう。刈羽郡（柏崎市）の国衆で関所の代官でもあったと考えられる毛利越中守重広の、明応三年（一四九四）九月に下した制札（「毛利文書」上杉家記十二所収）から抜粋すると、「一からむし、布こ、ミわた、かミ、一駄廿文」に対して「一米、まめ、しほ（塩）、あい物、一駄十文」となっており、青苧（からむし）は米などの食料品の倍、課税されている（『越佐史料巻三』―三七九　三八〇頁　以下、越佐＋巻数―頁数で記す）。それだけ大名権力にとっては収益性の高い商品だった。後に豊臣秀吉も越後産の青苧には目をつけ、産地とその周辺を太閤蔵入地としている。

ちなみに、越後毛利氏は鎌倉幕府御家人大江広元の末裔で、上野の那波氏・中国地方の安芸毛利氏と同族になる。後述するが、後の上野厩橋（まやばし）城主北条（きたじょう）高広は越後毛利氏の系統で、名字の由来は刈羽郡佐橋庄北条からきている。

くどいようだが、当時の越後一国の青苧生産高は詳らかには出来ない。が、豊臣政権による上杉景勝の会津転封に伴い、越後国新領主となった堀秀治に出された豊臣秀吉朱印状「羽柴久太郎（堀秀治）宛知行方目録」によれば、越後一国の石高は「四拾五万石」とされた（「大阪城天守閣所蔵」『豊臣秀吉文書集七』五七八八号）。当然これには、江戸時代においても会津領であった「小川庄」といわれた、現在でいう「東蒲原郡」の石高は入っていない。

内訳は、

一参拾九万七百七拾石　本　高

一五万八千八百参拾石　壱和利半分増（文禄検地の増分を想定か）

合　四拾五万石

――与力大名と、堀監物以下給人領主分（合　四拾参万参千五百石）は、〈省略〉

一五千石　御蔵入　但越後布出所
同其廻

〈以下略〉

となっている。つまりは青苧の生産地を五千石と見て、これを太閤蔵入地（秀吉直轄領）としたわけだが、具体的に田畠のような石盛がつけられているわけではない。多分、概ねの取引高なり流通量から推測して五千石としたのだろう。蔵入五千石の代官は秀治家老の堀監物（直政）に朱印状が下された（「高台寺文書」前掲書五七九〇号）。

『北野社家日記』延徳三年（一四九一）の記事を元にすれば、「上品の越後上布一端で一貫文」の年貢換算であったという（『新潟県史通史編2中世』三五六頁　以下、新通＋頁数で記す）。当時の上杉領国では田んぼ一反（三〇〇坪）＝一〇〇刈に対して一〇〇文の年貢だった（新通五四七）。つまり越後上布の高級品一端（大人衣料一着分か）は、田一〇反分の年貢に相当するという事になる。

青苧の原料となるカラムシ（苧）はイラクサ科の多年草で、元々は野草だが衣類の原料となる繊維を採る為に中世越後においては頸城・魚沼地方で栽培されていた（諸説あり）。現在、我が国の重要無形文化財・ユネスコの無形文化遺産に登録されている越後上布、小千谷縮は、カラムシ（苧）の繊維から出来ている。

以前からいわれている事だが、港に入る青苧を積んだ苧船（おぶね）にかける船道前（ふなどうまえ）（入港税）だけでも莫大な収入があったという。頸城地方の青苧は直江津港から出荷され、魚沼地方のそれは柏崎港から出荷されたという。

『越後風俗志』によれば、「柏崎市を流れる鯖石川上流の山間部や鵜川上流の黒姫山麓も青苧を産出する地域」という（新通三五九）。鯖石川も鵜川も、柏崎が河口となり日本海に注いでいる。

魚沼郡を流れる信濃川水系の魚野川では、周辺の市場から集められた青苧が川舟で運ばれていた。これが小千谷に集められ、陸路を馬で輸送され柏崎や府内の港に運ばれた。流域は長尾上杉の母体――三条（府内）長尾・古志長尾氏と対立関係にあった上田長尾氏との勢力の接点にあたる。年次未詳だ

【府内・柏崎・信濃川周辺の要図】

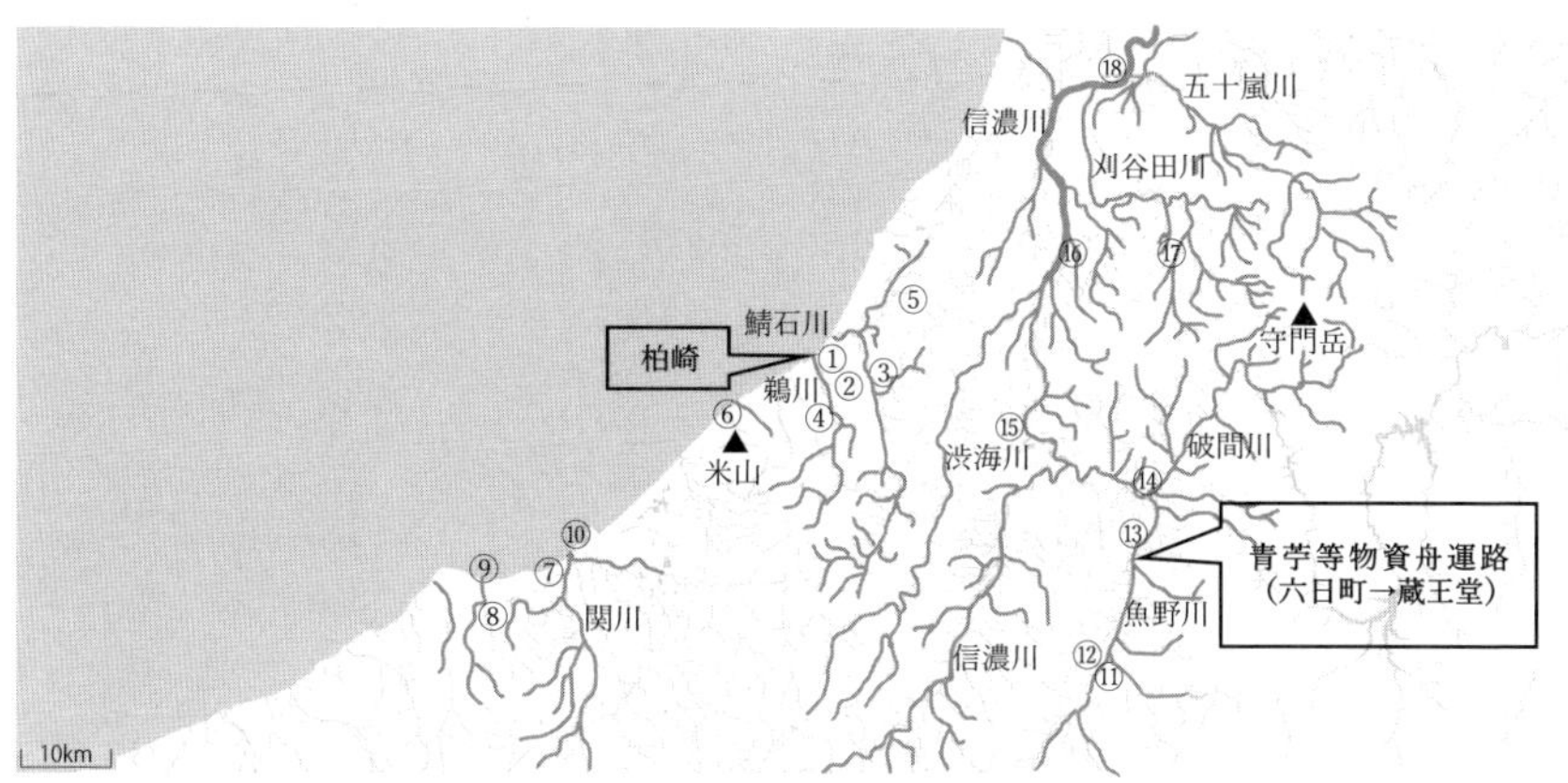

出典　国土地理院

①　枇杷島城（宇佐美氏）
②　安田城（毛利安田氏）
③　北条城（毛利北条氏）
④　上条城（上条上杉氏）
⑤　赤田城（斎藤氏）
⑥　旗持城（佐野清左衛門尉等）
⑦　府内（越府・上杉氏御館）
⑧　春日山城（長尾上杉氏）
⑨　郷津（軍港）
⑩　直江津
⑪　坂戸城（上田長尾氏）
⑫　六日町（関東往還の要衝）
⑬　浦佐（青苧舟運の要地）
⑭　堀内（下倉山城堀之内）
⑮　小千谷（青苧陸揚げ）
⑯　蔵王堂城（古志長尾氏）
⑰　栃尾城（中郡本庄氏）
⑱　三条城（蒲原郡司山吉氏）

が（弘治年間か）、謙信は魚野川北岸の、下倉(したくら)城主（北魚沼郡堀之内）福王寺孝重を「境木下藪神之内」郡代として、侘言に任せて船一艘分の諸役免許・免除を与えている（「歴代古案」『上越市史別編1　上杉氏文書集一』二三二　二三九　二四〇号　以下、上越＋史料通し番号で記す）。こうして交通・経済流通の要所である北魚沼の地は府内政権の統制下に置かれた。

柏崎の制札

佐橋庄北条に近い柏崎は、港湾都市であり、関東や阿賀北（下越）に通じる中継地点でもある交通の要所であった。先学の研究史にも度々登場する僧万里集九（漆桶万里）は自身の著作『梅花無尽蔵』の中で、当地は「市場之面三千余家、其外深巷五六千戸」と記している（越佐三―三三四）。謙信はこの地を大変重要視して、膝元の府内同様に「地域都市法」とでもいうべき制札を出している。これについては豊田武氏等、先学の優れた考察が見られるが、筆者は別の角度も交えて大名権力の直轄化した「都市政策」について考えてみたい。

料所（直轄領）とした府内の代官は御用商人でもある蔵田氏に任せたが、当然その差配は同地に限定されており、上杉氏の支配が及ぶ他の地域に権限があったわけではない。米山(よねやま)を越えて同じく料所とした柏崎には飯田・河隅氏らの代官の下に、上意を汲むべき（伝達を受ける）町方、地方を代表する肝煎（世話役）がいた。

永禄三年（一五六〇）に出された府内法令の「条目」ほど細かくはないが、永禄七年（一五六四）、肝煎と考えられる荒浜屋宗九郎に与えられた制札では、やはり「青苧役」が大変重要視されている。しかし、それだけではない。以下、内容を掲げる。

上杉氏　輝虎　制札写〔上杉家文書〕『新潟県史資料編3中世一　文書編Ⅰ』二六六号　以下、新＋史料通し番号で記す。

制札

一、当町(柏崎)江諸商売ニ附、出入之牛馬荷物等、於近辺所々新役堅停止之事、
一、於青苧役者、如所(前)々厳重可究済事、
一、当町之事、先年再興之処、前々在町人専自由構居所於方々、
于今不還住云々、甚以曲次第也、所詮、当宿江早速可帰住、但
領主依抑留至于遅滞者、以交名註進之上、可成其届事、
一、或盗賊、或火付人等申出族、一段可成褒美事、
一、於当町中、現無道狼藉輩、為始目之前者共、不依有肖不肖、
以交名可注進、縦於当座、或相搦、或至于討留之者、町人不可
為落度事、
一、当町再興之砌、休年記(紀)之証判別紙有之事、

右、於柏崎町中、可守此条々、若有違犯族者、不嫌甲乙人、可処罪科、但往古無之筋目申掠、権此判形、寄事於左右、町人現強儀者、可為重科与同罪者也、仍執達如件、

（紙継目）

永禄七年卯月廿日　　（上杉輝虎）御印判

（押紙）

荒浜屋宗九郎

柏崎の町人が、商売で他所からやってきた商人――「出入之牛馬荷物等」に、近辺所々において新役（営業税）をかける事の禁止、青苧役は「前々の如く厳重に」完納するよう、離散してしまった町人の還住、領主に抑留された者の届け出、「無道狼藉の輩」や盗賊・放火など不法行為の注進・取締り、当町（柏崎）再興時の記録として、証判状を提出する事など六ヶ条が示されている。最後の部分では、既に効力の失せた昔の決め事（筋目）をほのめかし、この法令に数々の理屈をつけて勝手な判断を他に強要する者がいれば重罪にする、と謳っている。文言的には、「御成敗式目」の影響を感じさせる。

内容的には、町の代表として「荒浜屋宗九郎」に荒廃した町の復興を命じたものだ。制札の前半に

は「当町之事、先年再興之処」とある（水害等天災、或は長尾政景挙兵・降伏等戦乱からの復興をいっているのか。柏崎は永正、享禄・天文の乱等、度々戦火の渦に巻き込まれている）。

長尾上杉氏の法令はこれ以前には見られない事から、先年の再興とは、主に町衆の力で為されたという事になろうか。その結果、町人が町を出てしまい各々自由に居を構えるに至った、しかも町人が近辺所々において、商いで集まってきた商人たちの牛馬荷物等に新役を課していた、と解釈出来る。まさに小村弌氏が『上杉氏の研究』[4]の中で論述されていた、「越後の自由都市的状況」を見る思いがする。――裏を返せば領主階級は、恐ろしい戦乱から自分たちを守ってはくれないという事だ。

町人などの民衆はおろか領主階級であっても、大名領国において勝手に関銭や津料（つりょう）（水運における輸送税）などの諸役を設置したり、徴収する事は「ご法度」である。武家法だが、今川氏親制定の「今川仮名目録」の第二四条では「駿・遠国津料、又遠の駄之口[5]の事、停止之上、及異儀輩は、可処罪過」としている（『中世政治社会思想上　日本思想大系21』岩波書店　一九七二年）。天正四年（一五七六）制定と思われる、上杉氏の「越中国制札」[6]においても最後の条項に「つりう（津料）・渡役等可停止之事」とある。

第二条の青苧役については、厳重に長尾上杉氏への貢納が求められている事から諸役の中でも、政権の財政にとっては年貢同様、重要な収入源であった。

第三条中の「領主に依って抑留」されている者がいるという事は、柏崎町人が他所からの商売人に課した「新役」の貢納を狙っての事だろう。府内政権の威令を恐れずにこうした行為が可能であった領主とは、おそらく地元の毛利北条氏か安田氏辺りではないか。だからこそ、柏崎を料所として確実に確保したい謙信は、毎年の越山が本格化すると敢えて（元々は外様の）北条氏を、当時厩橋城代であった河田長親に代えて、同城に送り込んだのではないだろうか（由良成繁事書案の中に「厩橋之事、輝虎世ニも、初者河田豊前守給置候、其以後喜多条丹後給置候」とある――後述）。

さて先学同様に注目したいのが、第五条である。無道狼藉の輩がいた場合、基本は「交名を以て注進せよ」という事だが、「当座」つまり現行犯であれば、（町人が）相搦め取ったり、討ち取ったりしても「町人の落度とはしない」という。見方によっては、「中間狼藉」的な措置である。この事を指して豊田武氏は、「領主の統制を離れて、町人に裁判権が移された点において、町人勢力の伸張を物語る現象である」と論じられた（『日本の封建都市』69頁　岩波全書　一九五二年）。ただ、似たような条文は「今川仮名目録」(7)にもある。戦国大名の権力周辺には謙信に限らず、現代風にいえば「法律家」とでもいうような武家固有法に長けた者がいたのだろう。渡りの軍配者もその一員であったかもしれない。

先程見た武家法の、今度は伊達稙宗制定の「塵芥集」五四条を見てみると「盗人をわたくしに成敗する事、たとひ紛れなき盗人たりとも、成敗せしむるかたの落度たるべし。たゞしその主人へ申届のうへ、主人の成敗につゐては、是非にをよばず」としている（『中世政治社会思想上』）。伊達氏の法では、たとえ現行犯の盗人を目撃しても成敗した者は、罪に問われる。但し、目撃者の主人が成敗したとあらば致し方ないという。如何にも武家法らしい内容だ（塵芥集は「御成敗式目」の影響を受けているとされている）。

うち続く戦乱から自分たちの身を守り、自分たちで醸成してきた慣習や決まり事で町を動かしていくという、住民自治の精神が発揮された結果、柏崎は「再興」された。謙信としては、法令においてこれをなし崩し的に否定し去る事は到底出来なかった。府内政権から見て米山の向こう側にある柏崎を統制していく為には、第五条や最後の項目に見られるような住民自治的なものに対する「配慮と対策」は必要だった。

ところで、二年後の同九年（一五六六）には、今度は飯田・河隅氏ら代官の連判で、荒浜屋宗九郎をとおして「柏崎　御百姓中」に宛てて「今度其地柏崎、連々依無力御侘言申上候間、上下之償、末代御用免被成之候、弥被加御介法候条、町人衆家等急度引立可踞候〈以下略〉」という内容の朱印状が出された（「上杉家文書」上越五一三）。短期間で二度目の法令を出す事自体、政権側の意図した形での街の復興は、進んでいなかったという事になる。これが謙信の統治した頃の地方都市の実相である。

景勝の統治時代になると様相は異なってくる。天正八年（一五八〇）二月、柏崎へ与えたと思われる制札（朱印状）において五番目の条には、「〈上略〉（以下第二紙）其外無道之輩於有之者、捕其人、奉行中へ可相達事」とある。つまり、無法者がいたら捕えて奉行所に差し出せ、であるから、町人たちは「現行犯」

だからといって成敗等の「処断」は出来ない事になる。謙信の時代とは違って、住民による「自治的裁量」は認められていない。七番目である最後の条には、「諸商売、謙信御在世之時分有之様ニ可申付事、付、器物之儀、以私致之由、甚曲子細候、所詮、売買共ニ可為同前候、権(はかり)の儀、是亦可為同篇事」と謳われている。枡・秤は謙信時代に規格が決められていたが、守られず私製のものが相変わらず使用されていたという事なのだろう。なお同地区へと思われる制札は、翌九年の七月次いで十二月にも出されている(「柏崎市立図書館所蔵文書」新二二七七　二二七八　二二七九)。

この頃は、謙信死去後の上杉家跡目争いである「御館の乱」が実質続いていた。一方の当事者である小田原北条家出身の景虎は討たれていたが、戦乱は「景勝派と対立する国衆の争い」に形を変え、更には織田軍が越中・能登に侵攻していた。景勝は、中越の交通要所であり経済・軍事基盤である柏崎を維持しようと必死だった。そんな景勝の思いとは裏腹に、柏崎は大名権力の思惑通りには機能していなかった……いや、させなかったのだ。大名という領主階級と庶民階級の「激しいせめぎ合い」を見る思いだ。

せめぎ合いといえば、永禄七年（一五六四）、柏崎の代官でもあった飯田・河隅氏ら四名の連署で、料所（現在の上越市安塚区内か）の「百姓中」に出された通達が注目される。

以下、内容を掲げる。

飯田長家等四名連署状〔安塚町　飯原澄氏所蔵〕『上越』四〇九

一、五拾七貫五百四文　　　　　　百姓こたへ

此分きつと□おさめ（納）　　　（飯田）長家（花押）

へきもの也　　　　　　　　　（河隅）忠清（花押）

六月三日　　　　　　　　　　（五十嵐）盛惟（花押）

永禄七甲子

百姓中　　　　　　　　　　　能信（花押）

『上越市史別編1』の永禄七年解説にもあったが、年貢の貫高は村側と領主代官側との間で話し合いが持たれ、村側の「要求」をもとに領主決裁――「答え」五七貫五〇四文とされた事になる。結果は農民たちが期待した年貢減免額であったかどうかは定かではないが、文中に「此分きっと納めるべきもの也」とあるから、農民たちにとって妥協出来る額だったのではあるまいか。豊作・凶作などその年の状況にも拠ったとは思われるが、上杉氏も代官を通じてそれなりに農民との対話はあったのだ。年貢の事のみならず、権力者の一方的な意思だけで民衆が意のままになる筈がない。

柏崎は、枇杷島城に拠る宇佐美氏、守護上杉氏の一族である上条上杉氏や、関東の上杉代官として

上野厩橋に領地を給された毛利北条氏と鯖石川を境に庶族毛利安田氏城下に近く、青苧が出荷される港があったから煩雑な階層の出入りはあっただろう。大名の本拠地から離れた料所の維持は大変であるという実例だ。

謙信の本拠地である越府（春日・府内）は上越後といわれ、柿崎のすぐ北の米山を境界（分水嶺）として、意識的には越後は二分されていたという（新通三五四）。即ち柏崎は（中越地方にあたるが）下越後と認識され、府内政権の伝達も微妙であったようだ。

阿賀北と同じように、ここに謙信の苦悩があった。国境を山脈に囲まれた甲府盆地のほぼ中央である甲府から「同心円状」に国衆の所領が割拠する信玄の甲斐と違って、海岸線が長大な越後では越府から遠く離れれば離れる程、単純に考えて政権の影響力は低下する。例えば、後北条氏は伊豆・相模・武蔵といった広大な領土を維持する為に、一族を小机・江戸・八王子・鉢形等重要拠点の支城に配置せしめネットワークを構築し、盤石の支配体制をとっていた。

守護上杉領国の時代、万里集九が称えた柏崎の町が荒廃してしまったのは、謙信の父長尾為景の下克上以降、度重なる戦乱と経済・交通の要所故の重税、軍隊の通過等々による慢性化した地域住民の疲弊があったからだろう。永禄三年（一五六〇）に再開された長尾上杉氏の関東侵攻である越山は連年続き、更には越中外征も加わっていったのである。

謙信は（柏崎に限らず）一切新税を課さなかったと昔からよくいわれるが、越後を例にとれば疲弊しながらも、町人・農民を問わず民衆のたくましい「自力救済」を前に、大名権力として冒険となってしまう新税は「課す事が出来なかった」と解釈すべきだろう。

伊勢御師蔵田氏

苧船の青苧・越後布は、日本海から琵琶湖の船運を経て近江坂本で再び陸揚げされ、畿内及び越後商人の手によって広く西国で商いがなされた。が、その前提として営業税（公事銭）納入の既得権を主張する勢力と上手に折り合いをつけねばならなかった。当然、これは越後守護上杉氏、そして長尾上杉氏に課せられた当面の課題だった。

既得権勢力の代表的なものは二者あった。青苧役の流通を仕切り、課税する畿内の座とその全国的本所を主張する公家の三条西家である。当主の日記である『実隆公記』（「東大史料編纂所所蔵」続群書類従完成会）によれば、本座の代表格であった和泉天王寺座は徴収した青苧役の一部を三条西家に貢納し、権益を保証してもらっている。

これに対して守護上杉氏の時代から、越後商人は保護され越後青苧座が結成されていた。座元となる統轄責任者は、蔵田五郎左衛門という伊勢参り（講）の御師出身の御用商人である。「五郎左衛門（尉）」という名乗りは世襲名という（「歴代古案」越佐六―一三五）。

既に明応六年（一四九七）の段階で、謙信の祖父にあたる守護代長尾能景の名において、天王寺座衆の「特権」は打ち砕かれ、関税納付を怠ったとして「天王寺衆如侘言者、御料関所、前々不致其役之由候条、〈中略〉無余義候上、天王寺衆堅令折檻候、向後猶不可有相違候」と処断された（「刈羽郡舊蹟志」越佐三―三八〇）。三条西家の貢納催促に対しては、のらりくらりと矛先をかわし、業を煮やした実隆は大永七年（一五二七）六月、守護上杉氏在京雑掌の神余実綱が越後に帰国すると聞いて、物品を添えて為景宛の書状を託し「抑青苧公銭知行之処、此三ヶ年一向無沙汰退屈之間、態差下於使者候、於国彼公銭両年未進分、並当納悉京着候様、堅被仰付候者〈以下略〉」と督促している（「上杉古文書」越佐三―七二二）。

しかし中世末期の寺社・公家等権門勢力の没落は顕著である。在京のまま、配下の給人や領主を使って荘園時代の感覚さながら田租に代わる青苧公用の実効支配は、遠からず破綻していく事だった。為景も謙信も当然、その辺りは見透かしていた筈である。――そうはいっても、まだまだ京都をはじめ畿内の青苧・越後上布の流通に強い影響力を持っていた三条西家と揉める事は避けたいところである。実隆は三条家の分家とはいえ内大臣まで務めた公卿であり、気位は人一倍高かったらしく、気に入らない事が生じると「言語道断也」などと日記に記している。

そういう厄介な三条西家との折衝では、蔵田・神余氏が協議して三条西家に貢納したり、またある時は公事銭の減額を交渉したりした。身分の関係もあってか、頻繁に同家に出入りしていたのは在京雑掌の神余氏のようだ。貢納は滞っても、当主実隆に気を遣って詩歌の短冊を所望したり、壺詰の鯰を送ったりしている。公事銭の貢納額はかなりの金額に上り、「滞納」を続けていた大永七年（一五二七）十二月二十六日には分納という形で切り抜け、「納　青苧御公用事　合五拾貫文者　右当年御公用之内、且所請取如件」という、請取状（領収書）が三条西家から蔵田五郎左衛門宛に出されている（『実隆公記巻七』―大永八年二月の項　一八二　一八三頁）。

五〇貫文といえば、かなりの規模の金額である。例えば、後北条領国内で五九貫文の知行地を持つ岡本八郎左衛門政秀の着到状による軍役が、騎乗の身分である自身も入れて一五人である（「岡本氏所蔵古文書写」『戦国遺文　後北条氏編』一四九七号）。貢納の分納でも、後北条氏に仕える中級武士の所領高に近い大きな金額が動いていた。

蔵田は単に経済に明るい商人というだけではなく、謙信が関東等に出陣する際は、何度も府内町方の取締り役を務めている（「伊佐早謙採集文書」上越二一二　二五五他）。つまり、謙信膝元の直轄領代官を任されていたわけだ。相当に仕事が出来る人間であったようで、新参から旗本の奉行に抜擢された河田長親と並んで政務全般に長けていた。謙信が最も頼りとした軍事力が馬廻りの旗本衆なら、庶務民政力は蔵田五郎左衛門といってよい。謙信の時代以前から、青苧座や越後の伊勢神領に関わり府内政権に出入りしていた蔵田氏が越後の政経事情に精通していたのは当然ともいえた。

流通商人として機動力にも優れ、為景も謙信も重宝した蔵田氏の存在は、伊勢御師でありながら神宮領代官でもあり、遂には上杉官僚に抜擢された、という点で特徴づけられる。永禄七年（一五六四）

頃、春日山城【はちかみね(鉢峰)】の「蔵役人」的な立場にもなっていた事を窺わせる上杉輝虎書状がある(「歴代古案」七　上越三九三)。現代的表現をとれば「マルチプレイヤー」である。

さかのぼって、大永元年（一五二一）十二月二十二日付で為景側近の山吉妙壽（長授院）が伊勢御師と思われる蔵田右京亮(左カ)に宛てた、祈祷に対する礼状が「蔵田文書」にある（越佐三―六八二）。同じく「蔵田文書」及び「伊勢古文書集」によれば、明応七年（一四九八）閏十月吉日付で、当時の越後守護上杉房能が祈祷料として越後久引郡(上越市)西浜布川之保西小味(沼)(小見カ)の年貢五貫、同島田の地を伊勢神宮に寄進している（越佐三―四二六　四二七）。

ちなみに、伊勢神宮では神官の衣料や神事に麻よりも柔らかな越後上布が多量に使われていたし、御祓いの神具には麻が使われていた。青苧等麻系繊維の生産地は、伊勢御師にとっては大いなる活躍の場でもあったようだ。一時期、上杉方国衆であった上野金山城主の由良成繁も、（三日市）太夫次郎という伊勢御師を使っており、同氏宛の書状中に「御神前有御祈祷一万度、御祓太麻(神宮大麻)幷土産送給之」とある(「神宮文庫　三法会合所引留」『群馬県史資料編7中世3　編年史料2』二一八六号　以下、群+史料通し番号で記す)。

成田氏長も、伊勢出身であり、熊谷の町で木綿売買の宿や小間物みせを営む御用商人長野喜三という人物を使っていた。（天正六年(一五七八)）四月三日付、長野喜三宛氏長印判状に「伊勢参宮候哉、大儀候、明隙候者、早〻下国、可為祝着者也」とある。――氏長の命で伊勢代参をして早々に帰国したという。年次未詳だが、やはり氏長に、長野は伊勢の連歌師村岡玄佐とその妻子を迎える為に同地に向かうよう命じられている(「長野文書」埼九四九　九五〇)。彼も蔵田と同じように伊勢御師であったかも知れない。彼らは各地の伊勢領や旦那衆を回って諸国の事情に通じていたから、戦国大名や国衆にとって、伊勢御師を支配下に置く事は他国の情報を入手・分析し、外交や領域支配に活かすという、重要な事だったに違いない。

おそらく蔵田一族は、最初は越後にある伊勢神領維持の関係で、守護上杉氏の時分から府内政権と接触を持ったのではないだろうか。

こうした存在は在地に根付く武士（領主）層からは出現しにくいだろう。永原慶二氏の言葉を拝借すれば、五郎左衛門の活動は、数多くの同族との間に形成された（伊勢御師の）ネットワークを巧みに活用していたという事だ(『戦国期の政治経済構造』297頁　岩波書店　一九九七年)。例えば、永禄五年（一五六二）に謙信の命で伊勢神宮に代参したり、越相同盟成立の頃、東海道を使僧が往来する際は路次の便宜を図ったりしている(「伊勢古文書集」上越六七一)。これは蔵田紀伊守宛となっているので、先に見た右京亮と同じく、五郎左衛門の一族だろう。

直江・山吉といった長尾上杉家を代表する奏者たる譜代宿老は当然別格として、謙信の時代は、河田・鯵坂・吉江・山崎専柳斎といった新参譜代と、元々の武士ではない伊勢御師出身の蔵田を政権の中枢に入れて「行政官僚」的存在とし、これに長尾一門並びに北条（毛利）・斎藤・新発田といった大領主層（国衆）の「奉行衆」を組み合わせた連合権力体制である。低身の新参者や商人階級でも実力本位で政権に登用されたのは如何にも戦国期の社会らしい。

天正三年（一五七五）に集大成された越後国内領主の動員兵力を取りまとめた「上杉家軍役帳」において、筆頭を飾るのは「御中城様」と記された謙信養子の上杉景勝である。軍役は槍二五〇丁以下、合計三七五名である（上杉家文書）。つまり景勝は上杉家の養子でありながら、坂戸城を拠点とした上田衆の統率者であり、越後の盟主である上杉謙信に軍役を奉仕する存在であった。これだけをとって見ても謙信時代、上杉分国の内実が大領主連合であった事の「端的証し」に他なるまい。

上杉氏の越後守護職に憧れつつ、長尾為景の時代から守護代の家格が上昇を求めた結果、辿り着いたのが連合権力の盟主並びに関東管領山内上杉の名跡だったのかも知れない。もし守護上杉定実が長寿であったならば、謙信＝長尾景虎の運命はどのようなものになっていただろうか……。

話を戻すが、永原慶二氏によれば三条西家が「苧課役の本所権」を主張する根拠は必ずしも明らかではなく、室町期、公家の荘園領有体制が無力化していく中において、新たな財源として青苧役に目をつけた、と論述されている（『苧麻・絹・木綿の社会史』81、82頁　吉川弘文館　二〇〇四年）。

確かに、戦国大名以前から各地域の大小領主は、武力にものをいわせて国内の荘園や国衙領を押領していた。後述するが、越後国内でも魚沼郡上田荘・妻有荘などは上杉氏の所領になっていたし、謙信が越中に設定した直轄領には富山の小出（小井手か）之保、上条之保など旧国衙領の地名が見える。いずれにせよ、三条西家の青苧公用支配は天文六年（一五三七）、当主実隆（出家後は聴雪）の死去をもって終わった。

越後の実情

運輸の要である伝馬制度は、他の国は馬が主流だが越後の場合、人間が肩に荷物を背負って運ぶ「伝馬宿送り」が特徴的である。先にも登場した万里集九は、『梅花無尽蔵』の中で、北国の風俗だと感心している。雪深い越後ならではの光景だ。伝馬宿制は、謙信晩年、越中一国に出された河田・鯵坂の連署制札にも整備を心がけるよう定められている。また郡司不入を認めた阿賀北衆の領内も対象であった。天文二十三年（一五五四）十月、長尾家譜代の老臣である直江酒椿書状には阿賀北の黒川氏に宛てて「但、公方役・同伝馬宿送之義者、可被仰付候」とある（「歴代古案」巻十九　上越一一九）。この点においても上杉氏が経済流通路としての分国交通網を重視していた事がわかる。しかし、馬の背と違って人が荷を背負うわけであるから量も限られており、課役の沿道住民は負担が重かった。後にも触れるが、伝馬宿送りに関する法令が分国内に何度も出されるのは、雪国の事情と相まって人手の確保が大変だったからだろう。これで厳冬期の出陣が重なれば、軍隊が通過する沿線住民の負担は更に増えるのだ。

越後糸魚川から信濃大町を経て深志（松本）に至る道は通称、「塩街道」と呼ばれていた。塩街道は、武田信玄が今川領に攻め込んだ頃、武田と断交した今川・北条が永禄十年（一五六七）に領内太平洋側からの経済封鎖となる「塩留」を実施した際（「芹沢文書」『戦国遺文　今川氏編』二一四一号）、謙信が領内の塩を送ったとされる道である。

いわゆる塩の道は日本いや世界中にたくさんあるが、それだけ日々の暮らしに欠かせない生活必需品である。深志から塩尻、諏訪や穴山城下を経て甲府にまで至ったであろう越後の塩は決して義援物資というわけではなかったようだ。

確かに謙信は北条・今川と違って、「塩留」はしなかったから越後の塩は普段と変わりなく流通していた。言い換えれば、越後商人は「通常」の商いをしていた。ただ価格はどうであったか筆者は知識を持ち合わせていない。

海岸線の長い越後の砂丘地帯では、西浜などのように塩業で生計を立てている集落が幾つもあった。塩留などしたら関係する商人ばかりか塩業集落が干上がってしまう。こうした地域では米など穫れない。塩を他国に売るとは、財政事情の他、謙信にとって越後の領民を守るという意味もあったのである。雪がほとんど降らない豊かな東海地方の平野部とはわけが違うのだ。

戦国期の越後は、江戸時代中頃の米どころのイメージ（当時で百万石を超えていた）とは程遠く、冒頭でも触れたが、太閤検地では本高三十九万余石に青苧（越後布）高も入れた増分を加えて四十五万石とされたから米の生産高はそんなに高くはなかった。しかも、越後国内でも国境近くの小川庄（現在の東蒲原郡）は会津領（戦国期は芦名氏）で、太閤検地も会津側（蒲生氏）が実施しており、上杉氏の領国外であった。

文禄三年（一五九四）の小川庄（津川）太閤検地石高は、「五六筆七一村、九千一三四石六斗」となっている（『新潟県の地名　日本歴史地名大系15』　平凡社　一九八六年）。

冒頭で触れたとおり、謙信の時代は越後本国・越中等の占領地においても検地の実施は、後北条氏や武田氏等と違って不明である。一部、例えば天正二年（一五七四）の「安田領検地帳」（「伊佐早謙氏所蔵」越佐五―二四〇～二五六）や、同五年（一五七七）の上杉譜代山吉氏「三条領闕所帳」（「加茂市　市川浩一郎氏所蔵」上越一三五一）といったものも存在するが、これは研究史によれば、天正三年（一五七五）の上杉氏軍役改訂に対応する為に、安田氏や山吉氏が、家中の「恩給高」を調べて書き上げた給分帳であるという。(8) 謙信が阿賀北の安田氏や三条領主で蒲原郡司（代官）であった山吉氏の領地を検地したわけではない。ただ料所において年貢を取り立てる事は、やはりその土地の作付状況の把握や貢租収納の基準といった年貢の台帳はあった筈で、領主の一方的要求で取り立てられるわけではない事は既に見たとおりである。しかし守護上杉氏時代はともかく、謙信時代の検地帳が今のところ見られないのも事実である。

――越後において、新たな年貢収取体系を確立する為の本格的な検地は豊臣政権下における景勝の時代を待たねばならなかった。

同じ北陸地方でも、隣国越中の太閤検地石高は三十八万石で、面積は越後の約三分の一である。石高だけでいえば越中の方が越後よりも生産性は高かった。雪国越後の生きる道は、例えば農民だったら直接の農作業だけではやっていけなかったから、農閑期の生産活動と戦働きという「出稼ぎ」が必要だった。

魚沼、頸城地方で収穫された苧麻は、中間製品である青苧に加工される。これを冬季に限らず農閑期を通して、女性たちが大変な苦労と手間をかけて上質な白布に織り上げるのである。糸にしたあと更に四〇工程もの手作業を経て、一反を織り上げるのに数ヶ月はかかるという（越後上布小千谷縮技術保存協会資料）。これは献上品であったり、「外貨獲得」の為の上級の品だった。

江戸時代の日本生産物図鑑ともいうべき『日本山海名所図会』には、分業しながら糸を紡ぐ越後女性たちの姿が生き生きと描かれている。

絹や越後上布と違って、青苧や麻の繊維で作られた汎用衣料は、近世に入って木綿が普及するまで庶民には欠かせない基本衣料だった。木綿が庶民の衣料として定着していた江戸時代中期、徳川八代将軍吉宗が享保の改革において「質素倹約」を旨として、木綿の衣料を常用したという有名な逸話がある——端境期、死と隣り合わせの生活の中で、青苧や越後上布を生み出し続けた戦国越後の時代から凡そ二百年を経た天下泰平下の話である。

Ⅰ章　註

（1）　上杉謙信が生まれたのは、上杉氏米沢藩の正史になる『上杉家御年譜一（謙信公御年譜）』によれば享禄三年（一五三〇）一月三日という。父は越後守護代の長尾為景、母は古志郡栖吉長尾氏の娘という。幼名は虎千代といった。男兄弟は少なくとも三人以上はいたらしい（阿部洋輔氏）。天文十二年（一五四三）九月二十日、景虎の名で三条市の本成寺に寺領の安堵状が出されている（「三条市　本成寺所蔵」上越一）。先学諸氏によれば、景虎名での初見史料という。永禄四年（一五六一）の初めまでは長尾景虎であるから、少なくとも十八年間近くは名乗っていたから本人の名としては一番使用された期間が長い。虎千代、元服して平三景虎、一時は宗心、「関東管領」になって政虎、次いで輝虎、元亀元年（一五七〇）頃から謙信、最晩年には法印大和尚謙信と号した。天正六年（一五七八）一月、「関左越山」の陣触を発したが、三月十三日、「不慮之中気」により死去（「上杉家古文書」越佐五―四二九他）。だから、謙信という名は大体八年間使用された。

（2）　謙信の父長尾為景の時代、府内長尾氏の年間収支――享禄二年（一五二九）の記録によれば、納（収入）は、

四千七百七十貫五百五十三文　所々御年貢（成）なし物共ニ

六百八十六貫五百文　御礼銭若子様へ参共ニ

合五千四百五十七貫五十三文

となっている（「編年上杉家記稿」越佐三―七五六・右小括弧内筆者付記）。府内長尾家領内の青苧・塩役等の収入は、なし物（成物）の中に含まれている筈である。

（3）　関東味方中という名称は、謙信が関東の味方である参陣した大名・領主層諸氏に対して用いている。譜代側近に宛てた書状中では「国衆」という表現も使っている。佐竹・里見氏は「家中と領国」の規模からいえば戦国大名であり、

謙信の軍勢催促に応じる味方中（国衆）ではあったが、従属関係はない。大先学の伊東多三郎氏論ずるところの、小山・宇都宮氏等も含めて「聘礼関係」にあたる。対して岩付太田氏・深谷上杉氏・羽生広田及び木戸氏・白井長尾氏・倉賀野氏等は、従属関係にある領主層である。謙信が「関東管領」としてそれなりに求心力を保持していた永禄九年（一五六六）までは、東上野を代表する地域勢力である新田金山の横瀬（由良）氏も同様に従属関係であり、伝統豪族たる佐竹・里見・宇都宮・小山氏といった「関東味方中」とは一定区切られる、上杉方の国衆であった。従属関係であれば、参陣の他、知行安堵・宛行、領主間相論の裁定も受けるし、謙信に対して「屋形」と呼称する。が、自分たちの利害とは関係の無い、例えば上杉氏の為に越中等に参陣するわけではない。領域支配の諸権限も独自のものである。決して上杉軍役衆（いわゆる軍役衆であれば関東以外の各地にも転戦する）とはいえない。ましてや譜代（主従関係にある家臣）ではない。

但し、聘礼関係ではない味方中（国衆）が越山した上杉氏の許に参陣すれば、軍事行動の間は、その指揮下に入る配下（従属領主）と見なせるだろう。謙信は上野を自己の分国（勢力範囲）と捉えていたが、横瀬氏ら国衆にそうした配下としての意識は薄かった。「一時的に同心」したという程度だろう。尤も謙信も、永禄七年（一五六四）の願文の中で「越後国豊饒安全長久、同分国之味方中、対輝虎不逆別心、弥達本意祈之事」といっているから（「柏崎市　飯塚八幡宮所蔵」上越四〇五）、分国の国衆はあくまで味方中であり、越後の領主層と同列に見ていたわけではない。

繰り返すが、関東味方中及び国衆とは、当時の史料の中に出てくる実際に使用された言葉である。中世の産物である国人領主、在地領主といった従来の概念では把握が難しいと考えられる、例えば、古河公方奉公衆であった武蔵羽生の広田・木戸氏であるとか、上野白井・惣社・足利長尾氏であるとか、或は結城・佐野・小山氏といった伝統豪族についても、便宜的に国衆と表現した。「阿賀北衆」等、越後国内の有力外様領主についても国衆と呼んでいる。国人領主という言い方でもいいような気もするが、城郭と城下町を構え独自の軍隊を持つ存在である以上、上杉氏という戦国大名と基本的に――「相似形」である。判物も家中に発給している。その意味においては、関東の伝統豪族層とも質的差異はないように思われる（但し、小山・結城氏等は当時、没落していたが大名身分である）。なお、上野富岡氏のような領域が限定的な領主は、「中小規模の国衆」という事になる。だが富岡氏は直属で、謙信に従属していたから関東味方中の範囲である。土着の小領主層は時に「地衆」と呼んでいる。

以上が、筆者の考える関東味方中等の使い方である。国衆に関していえば、黒田基樹氏のように学術用語として「国衆」の概念規定を行った上で使用してはいない事をお断りしておく。

（4）「上杉氏の都市掌握過程について　―特に府内を中心に―　」小村　弌『上杉氏の研究　戦国大名論集9』吉川弘文館　昭和五十九年所収

（5）「駄之口（だのくち）」とは、駄別銭（陸上における商品運搬税）を徴収する関所をいう。馬一駄につき、何文というように課税された事からきている。現物で徴収された場合は駄別役という。

（6）河田長親・鯵坂長実連署制札〔浦川原村　鞍馬寺所蔵〕『上越』一三七〇

覚

一、於有雑意者、証人可取置之事、
一、御納馬之上、知行論可停止之事、
一、明地御預之事、
一、近辺人足、幷国夫申付、要害可致普請候事、
一、放生津（富山県新湊市）・伏木浜（同高岡市）□（布カ）幷船以下用所可申付事、
一、放生津市十楽之事、
一、諸役三年之間御用捨之事、但、入船者三ヶ一地頭へ可申付候事、
一、夫・伝馬之儀者、可申付候事、
一、つりう（津料）・渡役等可停止之事、

右、如此　仰出、被成　御印判者也、仍如件、

鰺坂
長実

河田
長親

（7）　「今川仮名目録」抜粋　勝俣鎮夫　校注『中世政治社会思想上　日本思想大系21』岩波書店一九七二年　所収

7 一　夜中に及、他人の門の中へ入、独た、ずむ輩、或は知音なく、或は兼約なくば、当座搦捕、又ははからざる殺害に及ぶとも、亭主其あやまりあるべからざる也。〈以下略〉

つまりは、制限付きだが「中間狼藉（訴訟途上における、実力を行使するやり方）」を認める形である。「今川仮名目録」の制定は、大永六年（一五二六）四月十四日、今川氏親（紹僖）によるという。戦国期は時代が下るにつれ戦国大名の権力が整備されてくると、こうした「中間狼藉」は、地域において一般的であった「自力救済」同様に否定される傾向にあった。

またもや余計な話をするが、現代の我が国社会においても「中間狼藉」的なものは限定されるが認められている。純粋な民間人である警備保障のいわゆるガードマンは、（警察官と同じように）制服の肩のところに「モール（半分、おさげ髪のように編んだ紐）」をとおしている。先端はリングにとおして警笛とつながっている。警察官と違い、何ら法的権限は有していないが、人命が危険にさらされた時など、そのモールを使い現行犯を拘束する事は法的には可能なのである。勿論、過剰な拘束は法律違反となるし、刃物など振り回していれば普通は怖くて取り押える事など出来ないが……。兎に角、民間人であっても非常時は「現行犯人を逮捕」する事自体は、法律違反とはならない。

我が国の法律は、近代化にあたり、ヨーロッパの法律をお手本として制定された。現行法も

勿論その延長線上にあるが、鎌倉時代に作られた武家法＝「御成敗式目」という我が国初の、固有法の影響も受けている。民法でいう「土地を二十年占有すれば自分のものに出来る」という時効取得は、御成敗式目の第八条にある「当知行の後、廿ヶ年を過ぎば、大将家（源頼朝）の例に任せて理非を論ぜず改替（かいたい）にあたはず（「御成敗式目」笠松宏至　校注『中世政治社会思想上　日本思想大系21』所収）という規定を、根拠の一つとしているのではないか。――例え一部であれ「中世社会の法」は、そのエッセンスが今でも我々の生きる社会に溶け込んでいるのである。

（8）　いわゆる「安田領検地帳」について　中野豈任『上杉氏の研究　戦国大名論集9』吉川弘文館　昭和五十九年　所収
　「三条闕所御帳・三条同心（同名・家風）給分御帳」の紹介
金子　達
米田恒雄『上杉氏の研究　戦国大名論集9』吉川弘文館　昭和五十九年　所収

Ⅱ章　外征の実態と国内外国衆

関東越山の真実と民衆の苦悩

戦国期の頃まで新潟平野は、全国的に平野部での新田開発が進んだ江戸時代と違って（諸説あり）、文字どおり、潟が多く、水はけの悪い湿地帯で豊かな田園地帯ではなく、二毛作も出来なかった。天候不順も多く、作物の端境期には餓死者も多数出たという。

尤も、当時は地球規模での「小氷期」の気候が断続的に続いており、天候不順による農作物の不作は越後のみならず全国的な傾向であった。木村尚三郎氏ら西洋史先学の所見では、一六世紀半ば～一七世紀一杯の西ヨーロッパは「雨と雪と氷に閉ざされた時代」との表現があるが、我が国の状況も史料を繙けば、天候不順からくる災害は多かった。

例えば北武蔵は成田氏領の『龍淵寺年代記一』によれば、「明應元　九季　□季、天下疫、人多死」とか「永正元　十七　元季、天下飢饉」あるいは永禄三年（一五六〇）の「三季八月廿九日、景虎（長尾）関東出陣」の項前後には「四季、天下疫病、人多死〈中略〉六季七月廿六日、洪水」等と記されている

（『埼玉県史資料編8　中世4　記録2』以下、埼記録2と記す）。甲斐の『妙法寺記』や上野の『赤城神社年代記録』においても、同様に災害の記録が見える。

そこで、戦国大名などの軍隊は外征先である敵地で、食料を調達するといった略奪行為をよく行った。秋・麦秋の頃、出陣しては敵地で放火、乱取（苅田狼藉）を働くという行為は、上杉でも後北条でも武田、徳川その他でも、広く見られた。刈り取られた作物は兵士たちの食料となったのはいうまでもないが、敵にダメージを与える為に捨てられる事もあった。（天正二年（一五七四））五月四日付で白川結城氏に出された「北条氏繁書状」には、「当地関宿へ進陣、当作毛不残被払捨候、明日被致利根越河幸嶋郡作振捨」とある（「並木淳氏所蔵文書」『埼玉県史料叢書12　中世新出重要史料二』四三七号　以下、埼叢+史料通し番号で記す）。民衆を慈しんだといわれる後北条氏だが、当然それは領国内の民であり、敵国の民に対しては一切容赦なかった。

謙信は関東に越山すると、関東味方中（国衆）の城下以外――敵地は全て放火して回ったが、永禄十年（一五六七）に下野佐野城を放棄して事実上、関東介入は破綻した。だがその後も、自領の東上野等を守る為に越山を繰り返し、放火されなかった城下は、天正二年閏十一月の落城後も上杉に属した木戸氏の武蔵羽生領のみであった。

天正四年（一五七六）の越山では五月末、赤石・新田・足利の田畠を七尺も掘り返し、北条高広・景広父子の案を取り入れて、新田金井宿の際に陣取ると渡良瀬川から新田・足利にかかる用水路の堰を四ヶ所切落とすという暴挙に出た。次いで桐生まで戻ると今度は現地の田畠を返したという(「田中文書」上越一二九〇)。同二年、由良・後北条によって自領厩橋・大胡を焦土にされた厩橋北条氏の激しい憎悪が見てとれよう。が、巻き込まれた現地民衆の怨嗟は計りしれないものがあった筈だ。このような戦国大名領の外縁部における「負の連鎖」が、上野をはじめ各地域の戦乱を一層激化させたのである。「地下人ハ不及申給人迄、利根南へ妻子を引連落由申候」は想像するだに悲しい(前掲史料から)。占領地政策では、一転して「民政に気を配った」後北条氏との決定的な相違であった。

ちなみに、自然災害を端緒とした疫病・飢餓、戦時下の村々、他国での兵士の荒稼ぎ等、戦国当時の民衆がおかれた厳しい現実は、先鞭をつけられた藤木久志氏・峰岸純夫氏他、多くの先学研究者によって次第に明らかにされてきている。「郷土史」の分野においても、お国自慢的な部分はまだ多いが、特に戦国大名論における、かつての英雄史観はかなり変貌してきていると感じる。それは、多くの各地方自治体史刊行の影響もあるとはいえ、やはり人類史における社会発展の結果だ。ただ、学校教育に「人文知」の英知が取り入れ不足な事が筆者には嘆かわしい。もっともっと史学系の書籍は、特に学生には読まれるべきである。

自分たちが生きているこの社会が、どのような経緯を辿って今に至っているのか、自分たちの御先祖はどの様に生き抜いたのか——学びから、生々しい身近な歴史に「感電」するのだ。それが明日を生きる自身の根源的な支えとなる。筆者は郷土史をそのように考えている。「史学など何の役に立つのか?」では、「広告と通信料の権化」であるスマホは何の役に立つのか、本当に社会にとって有益なのか! それがないと生きられないのか? でも、それがないとどうしても生きられない人もいるだろう——良くも悪くも「多様性」とはそういうものである。

史学とは、人文知の基礎研究の一つである。例えば、基礎研究を軽視した理科学で科学技術が成立するとは到底思えない。ここでは筆者の一方的見方にはなるが、戦国史を理解する上で大変重要と思われる研究史を挙げてみる。

藤木氏の労作——『飢餓と戦争の戦国を行く』吉川弘文館　二〇一八年、『戦国史を見る目』校倉書房　一九九五年、内容的には専門書だが、峰岸氏の労作——『中世の東国　地域と権力』東京大学出版会　一九八九年、の三冊は筆者にとって「目からうろこ」ものであった。戦国郷土史の研究者にとっても、先の三冊は大変為になる、いわば秀逸の日本歴史書といっても過言ではない。

筆者の生まれ故郷は静岡県旧浜北市である(現浜松市浜北区)。戦国期は今川領次いで徳川領だった。元亀三年(一五七二)十二月の三方ヶ原の戦いにおいて、武田軍が通過した旧道(二俣街道)が今でも住宅街を貫いている。武田と徳川が赤土の舞う台地上で激突して、徳川大将の家康は大敗を喫して、命からがら浜松城に逃げ帰ったとされている。その直後、浜松城まで追撃してきた武田勢の一部は付近の「犀ヶ崖」に張られた「布の橋」という偽装工作を見抜けず、城兵の奇襲を受け、多くの武田兵が布橋から深い谷底に追い落とされて戦死を遂げたという伝説が残っている（布橋という地名は現在でも使われている）。三方原舌状台地の突端である当地には石碑が建立されている。それからというもの無念の死を遂げた武田兵は怨霊と化し、城と領民に祟って、冷害が起こり田んぼにはウンカが大発生して凶作が頻繁に起こったという。領民の窮状から浜松城主は武田の怨霊を丁寧に弔い、成仏と五穀豊穣を願って大念仏行事を開催させた。以降そのおかげか、凶作は見られなくなったという。

以上が、現在でも新盆七月末に広く浜松市域等で催される郷土伝統芸能「遠州大念仏」の起源にまつわる話だ。話に矛盾はあるが、筆者は遠州大念仏の担い手であった父親からそう聞かされた――先祖が蒙った「戦乱という災難」を伝説として親から子へと代々語り継いできたのである。実際は「冷害」という天候不順からくる害虫の大発生だったという説が有力だが、地元では遠州の村々を荒し回り略奪を行った武田の侵攻と絡めて、怨霊を退散させ豊作を願う神道的「祈願」という側面と仏教的な救いの「念仏」という側面が、庶民行事として融合しているように見受けられる。筆者は前述の藤木氏の本を読みながら、すぐに頭の中に遠州大念仏の光景が浮かんだ次第である。

謙信が意を固めて関東に越山した永禄三年（一五六〇）は、越後でも大きな水害があり、翌年三月に関東の陣地から魚沼郡の上田・妻有荘、藪神郷に徳政令を発布している（「上杉家文書」上越二六四）。

これらの地域は、長尾上杉分国のしかも府内政権の威令が及ぶ地域（中越地方）であり、外様国衆が割拠する下越地方の阿賀北であったならば謙信はどう出たであろうか。当然、国衆の「領域統治」には原則、一切干渉は出来ないから、彼らが領主として何らかの対応はしただろう。領主権とはそういうものだ。謙信の時代、越後一国に適用される法令は遂に出される事はなかった。

謙信の生涯で、最大規模であった永禄三年から翌四年にかけての越山では、当時下野足利城主であった長尾当長（まさなが）の鑁阿寺（ばんなじ）宛書状によれば、軍勢が越年した上野の厩橋城（と思われる）には後から後から越後兵がやってきて満杯状態になってしまったという（「栃木県　鑁阿寺所蔵」上越二一六）。関東に行けば、食えるという噂が流れたものか……。『北条記』によれば、小田原攻めにおいて、謙信が率いた「東八ヶ国ノ軍兵」の規模は「其勢九万六千余騎」という（埼記録2 384頁）。

結局、越後・関東連合軍は後北条氏の本拠・小田原城にまで攻め込んだものの、城下町を焼き払ったのみで攻略は出来なかった。鎌倉での関東管領就任式を経て厩橋城に引き揚げた後、謙信が春日山城に戻ったのは永禄四年（一五六一）六月末という（上杉家御年譜一）。麦秋に至り糧食を現地調達してから、という事だろう。春日山城を立ったのが永禄三年（一五六〇）の八月二十九日だから、実に越後勢は十ヶ月間、関東に居座っていた事になる。結果として、北上野の沼田城まで手に入れて上野一国の制覇に「王手」をかけていた後北条氏は同国への侵攻を一時的に放棄せざるを得なかった。永禄三年越山の直接の契機となった、里見氏が籠城した上総久留里城攻め[1]も同様である。上野の勢力図は塗り替えられた。――最終的な事をいえば、謙信の関東介入（越山）は後北条氏の「関八州制覇」

を不可能にした。にもかかわらず未だに「上杉越山の歴史的総括」は甚だ不十分であるといわざるを得ない。「義と筋目」あるいは「放火と略奪」で結論とするならば、謙信が越山を繰り返した本質は永遠に見えてこないだろう……。

危機に立たされていた後北条氏は同盟者の武田信玄を動かして、石山本願寺の命で越中・能登の一向一揆勢に越後を衝いてくれるよう頼んでいる。信玄の妻は本願寺顕如の妻と姉妹であった。この時、本願寺の要請を受けた能登国守護畠山義綱の命で、長連理ら奉行人の手により（永禄四年四月二十三日）、「就大坂（摂津石山本願寺）・越後御計策、御出銭七貫文」として、越後攻めに向けての矢銭が徴収されたという（「須須神社（石川県珠洲市）所蔵文書」『石川県史第一篇』四六〇　四六一頁　『加能史料　戦国』　石川県）。

越後に一向一揆の脅威がなければ、農繁期に入り「地下鑓」の農兵は帰国したであろうが、特に上野は奉行衆以外でも一部の越後勢は厩橋城等で駐屯を継続した可能性もあっただろう。現実は兵力に余裕がなく、有効な占領地政策を打てなかった側面がある。

永禄六年（一五六三）、上杉関東味方中の太田資正が攻略した武蔵松山城救援が間に合わず、腹いせに忍城主成田長泰の弟小田朝興が拠る騎西城を攻略した際は、『北条記』によれば、城を焼き払い「松山ノ返報」としたという（埼記録2 389頁）。

城下領民の怨念は例えようもなく深く、その時の記憶は親から子に代々語り継がれ、騎西、加須一部の地域では昭和の戦後になっても「新潟県人とは結婚するな」といわれていた程である。いわゆる戦国の群雄は皆、そのような側面を持っている。地元では英雄でも……である。

近年の発掘調査では兜・薙鎌・槍・馬鎧・鉄鏃・多数の銃弾等が出土している。薙鎌や兜などは堀の中で発見されている。黒焦げの米粒も出土すると聞いた事がある。

謙信が当時、会津の芦名氏に宛てた書状には、「向崎西之地進陣、勢揃、責具以下相調、既外廻輪・中城為取之、実城計事限之処、属美濃守（太田資正）種々懇望之候間、令寛宥候」とあり、城や城下へ放火した事は記されていない（「伊藤本文書」『行田市史　資料編古代中世』222号　以下、行＋史料通し番号で記す）。つまり上杉軍は、矢いくさでは終わらずに堀を越え

騎西城土塁跡（埼玉県加須市）

て曲輪に攻め込み、白兵戦となった結果、実城（本曲輪）のみを残すとなった所で城主の小田伊賀守（朝興）が太田美濃守（資正）を頼って降伏してきたので許した、という事になろう。

一応、芦名氏は上杉氏の友好勢力だが、（永禄四年の川中島の戦いには越後に援軍を派遣）後北条氏ともよしみを通じている。要は戦略上、都合の悪い事実は書かないという事だ。

当時の戦争は敵と見なせば、その相手方の領地沿道の村々や城下の民家に放火するのが常套手段であり、民政に意を用いた後北条氏とても同様だ。さいたま市にある氷川女体神社の所蔵史料には大般若経真読の際、記された「識語（しきご）」が残されており、「景虎・氏康朝敵」「水判土（みずはた）慈眼房焼失」「蕨（わらび）・篠目二月朔日二日ニ焼失」「氏康足立御動篠目放火」等々の書き込みが見られる（『浦和市史通史編1』他）。

当時、さいたま市域は太田氏の支配下にあり、北条を裏切って謙信の越山に呼応した事への増悪を剥き出しにした報復だった。識語を残したのは、川越仙波中院の僧奝藝（ちょうげい）で、太田氏は大旦那にあたり、焼き討ちされた水判土慈眼房は仙波中院の末寺であった。太田氏の戦勝祈願の為の真読ではあったが、真意は戦乱を憎み平和への希求そのものであったに違いない。

謙信の越山では、城下・沿道の集落は火にかけるが、敵の城そのものを焼くという事はあまりなかったという。長尾上杉氏がまだ関東において勢威のあった永禄五年（一五六二）の上野館林城攻略も、若干の矢いくさで終わったようだ。城主の赤井照康は越将の須田栄定が伝える所、「なかなかあわれなる様躰共、可有御察候」とした有様で城を出て、忍の成田氏を頼って落ちていった（「上杉家文書」群二一五九他）。この時は、越後勢の他、新田金山城の横瀬・足利長尾氏、赤井氏の同心であった小泉の富岡氏らも後詰している（「富岡家古文書」群二一五六）。横瀬氏と対立していた親後北条の堀口・赤石城の那波氏も同三年に攻略されており（龍淵寺年代記一他）、圧倒的な兵力差に、孤立状態の赤井氏としては為す術もなく降伏したという事だろう。攻略を前提として、「敵の城を焼く」[2]という事は松明（たいまつ）や火矢を用いた力攻めとなり、攻める側、守る側双方に死傷者が相当出る。しかもこれは最後の手段となろうから、大将が独断で即決というわけにはいかない（矢に貴重な布も巻かなくてはいけない）。

謙信越山では、おそらく機動兵力としては（天正三年〔一五七五〕の軍役帳からいって）旗本・譜代で一五〇〇人もあれば多い方だろう。この程度の兵力では例えば、金山城や唐沢山城といった力攻めによる大城郭の攻略は、多大な死傷者が出るだけで到底無理である。だから関東味方中の参陣なくしては、反上杉諸城の攻略は無理からぬものがあった。

永禄七年（一五六四）三月、武田方の西上野和田城を攻めた時の「上杉輝虎書状」がある。この時は白井長尾・横瀬・足利長尾・箕輪長野・佐竹氏等多くの国衆が加わっていた。が、武田の手が入った城は堅固で落ちなかった。金津新右近衛尉ら側近に宛てた書状中には「国衆の事ハ佐（佐竹）・宮（宇都宮）を始、弓矢かいなくわたられ候間、越後衆計ニていくさハかないかたく候、房州（里見義弘・資正）・太田いくさにまけ候時よりも、たゝいまハきうくつなんき（窮屈難儀）ニ候〈以下略〉・（傍線は筆者）」と、国衆の厭戦気分をこぼしている箇所があり、まさに「越後衆ばかりにて、いくさは叶い難く候」とは越山の真実を見る思いがする。更に、「謹言」と記したあとに「〈上略〉返々いつもよりかへりたく候間、このたひハおつと（落度）あるへく候やと心ほそく候」と弱音を吐いている（「三州寺社古文書三」上越三九五）。宛先が金津・吉江（忠景）・本庄（実乃）という、自分を少年時代から支えてくれた老臣だからこそいえた本音であろう。

謙信に求められたいくさの理想は、結果として同年の佐野攻めで激戦となった事はあったが、基本戦術としては機敏なる行動で、越後から率いてきた己の軍隊を無傷で帰す事だったに違いない。

軍隊の構成は地下鑓（領民）は武士とは別に、例えば本庄繁長叛乱の際に「地下鑓触之覚」を出す等、臨時的募集の対象となっていたから、必ずしも常時多数を占めていたわけではないと思われる（「北海道　柿崎雅仁氏所蔵文書」・「歴代古案」巻七　上越六一三　六五〇）。主力の手明（てあき）・槍兵などの軍役衆は在地の地侍や、その配下（時代的名称は中間・小者）までも含めた「在村兵」であり、専業農民ではない。雪深い土地に暮らし、加地子（年貢の中間搾取）は取るが、手作も行う、いわば農村の取りまとめ役、あるいは武家奉公人といった存在である。これを越後では、「中使」・「小使」といった。

いい方は悪いが、「地域の顔役」である彼らに大きな損害を与えるという事は、大名権力としての立脚基盤が揺るぎかねない。こうした点をクリアしてこそ地元で名将なり、英傑と呼ばれるようになるのである。

上杉氏よりも在地の把握は進んでいたものの、北条や武田の軍隊も似たようなものである。だから小田原合戦や武田氏滅亡の後は、多くの帰農武士が出たのだ。――筆者の地元、静岡県旧浜北市域にも武田や徳川の帰農武士と伝えられる新原弥左右衛門や太田沼之助の話が残っている。彼らは一族・配下と共に、苦労を重ねながら荒れ地を開墾し、その土地で先駆者（芝切り）となっていった。

慶長三年（一五九八）の豊臣政権末期に実施された堀氏による越後検地では（与力大名【村上・溝口】領は未実施）、名請人であるにもかかわらず領主上杉景勝の会津転封に伴って在地を離れたと思われる「藤衛門（うせ人）」であるとか、逆に帰農した在地武士らしい「左近」であるとかの名前の記載があり（新資六―二二三八、二七一頁他）、近世初頭ながら「兵農未分離」の根強い在地状況が見てとれるという（新潟県史編纂室による）。こうした詳しい事実は先程触れた「中使」の考察として、小林宏氏が「中使考　―越後上杉氏領国制の一考察―」（『上杉氏の研究』所収）で論述されている。ともあれ上杉後継者景勝の会津転封により、中世の越後は完全に終焉するのだが、それは死の前年にあたる謙信の能登・北加賀平定から、二十年後の話である。戦乱は、まだまだ続く。

永禄四年（一五六一）の北信濃における第四次川中島の戦いでは、上杉・武田双方に数千もの死者が出たという。戦国大名同士の軍隊が野戦において直接ぶつかり合えば、そうなるという事だ。この第四次の戦いにあたり、謙信は越後の総力を挙げた。越中の領主からは人質を取り、守備の薄くなった越中との国境近く、能生・名立のラインには前述の芦名援軍と出羽庄内の大宝寺援軍を置いた(「上杉家文書」上越二八〇)。阿賀北衆にも参陣を要請し、色部・中条・安田氏等が出陣している。

一方の武田信玄も甲信の総力を挙げ、二万近い大軍で陣取ったと伝えられる。結果は、上杉軍が川中島を放棄して、犀川以北に撤退したから負けたと見なされても仕方がない。ただ、武田側は副大将で信玄の実弟、典厩信繁が戦死しているから、本陣が突き崩されて信玄自身も危なかったのかもしれない。合戦の記録が見える『妙法寺記』によれば、永禄二、三年と、大雨・大雪・洪水があり、疫病の流行で「悉人多死コト無限候」という有様であった(『山梨県史資料編6　中世3下』七一)。越後でも合戦の前年に大きな水害が起こり「徳政令」が出されているから、上杉・武田双方共、領国が疲弊し窮状している中において大会戦を展開したのだ。

戦争は勿論の事、気候不順とペスト、飢餓に苦しめられていた西ヨーロッパの国々が一六世紀後半位から続々と、土地と資源と食料を求めて海外に「進出」していった事実と何か似通ってはいないだろうか――。

越後盟主の苦悩と武田信玄

そろそろ本稿の核心部分に入ろう。戦国大名としての上杉謙信にとって、外征をして分国を広げる征戦と越後一国を領国として一円支配する事は同時並行の課題だった。つまりは、謙信の一生の目標とは名実ともに越後の完全なる君主となる事であったといっても過言ではない。晩年は織田政権との対決を念頭に「北国の公権力」を目指したともとれるが、自論は別の機会に譲りたい。

戦国期の大名権力は、（研究者によって異論もあるが）主には国内の有力領主たちの寄合いによる「連合権力」というべき性格のものであり、決して国主を頂点とした上意下達の「専制権力」であったわけではない。国主の直轄領も本拠地の居城に近い地域と、直臣の在番する支城付近に集中していた。しかも国内の有力領主（国衆）は本貫地に居城と城下町を構え、「屋形」に対して、一定の軍役は勤めるものの、旗本・譜代を除けば家中という認識もなかった。（そもそも戦国期における家臣・家中という概念も曖昧である。）

謙信が統治した頃の越後は、その軍役も検地を通して、知行高に応じた賦課基準が統一されているわけではなく、各領主は「自己申告」で軍役を負担した。したがって参陣もルーズであった。

特に下越地方の国衆には、その傾向が著しい。弘治三年（一五五七）、川中島の戦いに際して、謙信は阿賀北衆巨頭の一人である色部氏に、ほぼ対等の書札礼で脇付を添えた書状を何度も送り参陣を求めたが、とうとう同氏が応じる事はなかった（「色部文書」上越一四一　一四二　一四五）。

大体、太田氏・深谷上杉氏等の関東味方中もそうだが、阿賀北衆など外様国衆が謙信の事を「屋形」ないしは「屋形様」と敬称するのは、永禄四年（一五六一）の「関東管領就任」以降である。当然、対等の立場を自認する佐竹・里見・結城等の大名（伝統豪族）層、あるいは飛騨味方中である高原諏訪城主・江間輝盛も、上杉氏取次宛の書状では「謙信」と呼捨てである。しかし、越中中地山城将で江間氏重臣であった河上富信は（謙信から見れば陪臣筋であり）、御屋形様と最敬称した（「上杉家文書」上越一一五一　一一五二）。

謙信時代は、越後「奥郡」たる阿賀野川以北（下越地方）には、上杉家御料所（蔵入地）は一ヶ所もなく、景勝時代に至って、新発田氏叛乱の平定、本庄氏改易に伴い、その闕所地に直臣が在番するようになる。

大名権力の経済基盤となる蔵入地（料所）の設定は国内ではほぼ上、中越地方で止まり、他国の上野倉内、信濃飯山、越中魚津・富山、飛騨十日市といった征服地で進展するのである。蔵入地からは必要に応じて各地の在番衆などに経費の年貢米が宛行われる事もあった(3)。

こうした越後内外の在番支城を設定し、彼らをして支城領域への法令伝達・在地支配、社寺・在地領主の諸役免除、所領安堵・宛行を通して軍役奉公・普請役を可能とさせた地域は領国といえる（但し、給人領主の私領【名田など】へは原則介入できなかった）。これに対して、形式的に服属した国衆への「軍勢催促権」を獲得したのみ（「伝馬宿送」を除いて）の地域は分国と称した。越後国内でいえば、下越地方に相当する阿賀野川以北の本庄・鮎川・色部・中条・黒川・新発田・五十公野・竹俣・加治・水原・安田等、鎌倉時代以来の地頭等豪族層（国衆）が支配する地域は、上杉分国と呼ぶ事は不自然ではないが、上杉領国ではない。

上野でいえば、料所があり、比較的安定した領域支配が可能であった城代衆在城の沼田領と、現在の前橋市・玉村町域に相当する初期の厩橋北条・那波（顕宗）領のそれぞれ一部が前者に、箕輪長野・新田金山の横瀬（由良）・足利館林長尾・白井長尾といった、国衆が支配する領域が後者に相当する（四者の内、謙信の死去に至るまで服属したのは白井長尾氏【憲景】のみ）。

新田・足利館林の横瀬（由良）兄弟は、謙信が指揮した永禄九年（一五六六）の下総臼井城攻めが失敗に終わると、上杉氏を見限って後北条氏に属してしまう。同年九月、北条氏康・氏政連署による起請文が出されている（「由良文書」群二三二六）。同時期に凄絶な戦いの末、箕輪城は武田軍によって落城した[4]。上野中央部の要所、長尾輝景の白井城も同十年（一五六七）三月に、計略を以て武田方の真田一徳斎（真田幸隆）に奪われてしまう（「甲斐国志所収文書」群二七〇一他）。

厩橋城主の北条高広は、前述のとおり越後佐橋庄北条を本拠とした国衆であったが、権力内部に入って次第に譜代としての扱いを受け、上杉氏軍奉行として関東各地を転戦していた。永禄五年（一五六二）頃、河田長親と交代という形で、謙信から厩橋城と領域を宛行われ、城主となった（「歴代古案」「由良文書」群二一七九　二四〇八）。越後から「所替え」といっても、本貫地の所領はそのまま残されていたから「国衆としての独立性」は一応保たれていた。ただ厩橋北条氏は、「関東ニ輝虎為代差置候」という位置にあったから、謙信の意識としてはあくまで厩橋城は上杉支城であり、高広は代官の扱いである（「京都大学総合博物館所蔵」上越五四三）。しかし当の本人にして見れば、「領地は自分の努力で守れ」と半分突き放されたようなものである。

厩橋北条氏は、厩橋領と隣接する大胡領を支配した。更に新たに支配下においた領主や三夜沢赤城神社等の社寺に対しては、判物や印判状を発給し所領安堵・宛行や社寺領を寄進したりして領域の安定に努めている。内容としては越後時代と同じであり、後北条氏のように在地支配の再編までは踏み込まなかったようである（『群馬県史通史編3』590頁）。おそらく施政の初期は存在したであろう上杉直轄領の管理も、代官として行っていたと思われる。しかし「台所入り」としての上杉蔵入地（料所）は沼田（倉内）と違い、なかったようである。

「石川忠總留書」によると厩橋城内には、本曲輪に天神山という高所があり、ここに謙信の祈願所が設けられていたという（群三六九八）。同人は真言密教を深く信仰していたからあり得た話だ。謙信――関東管領の祈願所とは、厩橋北条氏が代官として管理する上杉直轄領であり、当然、同氏の城領（知行地）とは別扱いであったと考えられる。城郭内には鬼門や裏鬼門に魔除け、城領内安泰といった目的で、よく祠や神社が祀られた。例えば、埼玉県羽生市内の古城天満宮は、戦国期羽生城の天神曲輪跡地に建立されたものだという。

永禄十三年（一五七〇）三月、越相同盟が成立した頃、武田信玄は原孫次郎に宛てた書状中、「南北和融落着、就之自厩橋向于河西、築取出之由候、然則無二出馬、遂一戦、可定当家之興亡候」として怒りも露わに、越相の和融が成り、（味方が）厩橋向いの（利根川）河西に取出を築いたと聞いた、然らば武田家の存亡をかけて上杉軍に決戦を挑む覚悟である、と伝えている（「福島県　漆原文書」群二五八九）。

従来この信玄書状の解釈は、文中「南北の和融落着し、これに就き厩橋より向い河西において、取出築くのよし候」とあるから、（上杉が）厩橋より向いの、利根川対岸である河西の地に、取出（砦）を築いたと聞いたので、然らば即ち出馬して無二の一戦を遂げ――といった流れである。普通に読めば当然そうなる。しかし、筆者は信玄が「越相の和融が成立し、（心許なく思った味方が）取出を築いたと聞いた」という解釈が成り立つのでは、と考える。勿論、原文書に当たったわけではないので断定はできないが、そうやって信玄が味方を鼓舞したのではないだろうか。

越相同盟の頃は、利根川以西の上野は名胡桃の館(5)周辺以外、全て武田領といってよい。そんな、敵地である河西（西上州）に上杉氏が、しかも利根の大河を背に控え、取出が築けるとは到底思えない。元亀三年（一五七二）閏一月には、謙信は利根川を越えて武田方に属する石倉城を攻略した。しかし武田軍が迫った為、城を破却して厩橋城まで退き、石倉近辺に（あるいは松井田か）陣取る信玄と利根川を隔てて睨み合っている（「山川文書」上越一〇八一・「北爪右馬助覚書」群三六九二）。

越相同盟成立の頃、永禄十三年（一五七〇）に信玄が築いたと思われる厩橋城の利根川対岸――河西の取出とは、謙信が攻略した石倉城の事ではないだろうか。後北条・武田の同盟が復活し信玄の関心が西に向くと、謙信は破却した石倉の地に新たに縄張りをして城郭を取り立てた――元亀三年と思われる七月二十三日付で栗林政頼に宛てた書状中に、「春中取立候向新地、南衆押寄由申来候〈中略〉倉内在城之者共令談合、早々厩橋付力肝心候」とある(「東京大学史料編纂所所蔵栗林文書」上越一一一二)。

越相同盟の頃に、南衆（後北条氏）が越国内の浅貝新地（寄居城）に押し寄せるわけもなく、倉内城の者共と相談して厩橋に合力する事が肝心だといっているから「向新地」は、石倉の新地とみて差し支えない。

それだけ厩橋という地は、上杉・武田あるいは北条にとっても上野中央の平野部に位置する戦略・交通上の重要拠点なのだ。天正十年（一五八二）に、織田信長が、武田勝頼を滅ぼして「関東管領」とした滝川一益が厩橋城を拠点としたのも頷けよう。

上杉・武田・後北条氏の間を揺れ動く国衆に囲まれながら、謙信が関東侵攻における橋頭堡とした厩橋城を、基本的に一地域領主である北条氏が単独で維持する事は極めて難しい。所詮は「自力救済」の世界である。しかも、越後時代、北条高広は信玄に内応した事があったから、謙信は最前線の上杉支城主として、最初は近江出身の側近で最も信頼のおける河田長親を厩橋城将に任命したのだと考えられる。然るに、手持ちの人材は極めて限られていた。長親のような優秀な譜代は状況に応じて、あちこちの戦域に動かさざるを得ない。

松山城の後詰が遅れたのは、後詰に足る兵力がなかなか集まらなかった事による。越相同盟成立前に厩橋北条氏の惣領である丹後守高広が上杉氏から一時離反したのは、思うように上杉氏の後詰が得られなかったからである。箕輪長野氏が滅亡したのも同じ理由である。敵対勢力の最前線に位置する上杉方は、常に、そうした苦労が絶えなかった。

大体、厳冬期ともなれば雪深い越後からは関東に向けて、ほぼ軍隊は動かせない。他国から攻め込まれる危険も少ないが、北条・武田に攻め込まれる上杉関東味方中は試練の時である。特に山間部戦で鍛え上げ北条以上に機動力に優れていた武田勢は、信玄在世中、その死に至るまで関東・北陸戦線で上杉勢を苦しめ続けた。

然るに天正元年（一五七三）四月に信玄が死去すると、それまで越後を脅かしていた越中・能登・加賀の一向一揆勢は強力な後ろ盾をなくして後退を余儀なくされ、同年十月には上杉氏の勢力は神通川を越え、親上杉派神保氏の拠る日宮城（富山県射水市）——越中西部に達した。

この時、小島職鎮・狩野道州は連署で、越中前線の河田長親に宛てて「神保民部大夫跡職之儀、弥次郎被仰付、忝存候、自今以後　上様（上杉謙信）御前一筋奉守、走廻候様ニ、意見可仕候〈以下略〉」と、礼を述べている（「上杉家文書」上越一一七三）。これは前年、一向一揆勢に攻略された日宮城回復を目指した神保家中にあって、親上杉派重臣の小島・狩野氏が主導権を握り、謙信の威光を背景に神保弥次郎の「跡目相続」という形で家中の統一を図ったものである。親武田派は一向一揆とも結びついていたから信玄の策動によって親上杉から反上杉に転じた椎名氏同様、没落せざるを得なかった。一揆勢は、信玄の死去によって背後を衝かれる脅威から解放された織田信長の圧倒的兵力に追い詰められ、これまでとは反対に上杉氏に接近していく。

遡って、武田氏が上杉氏との抗争を制して優位に立てたのは、永禄四年（一五六一）の川中島の戦いに戦略的勝利を収めた結果である。川中島の戦いは上杉・武田分国双方に甚大な被害をもたらした。戦場となった北信濃地域は荒廃し、人口は激減し、作付も出来ない状態となった。信玄は信濃全域平定・越後侵攻を諦め、西上野に侵攻してその人的被害を埋めようとした。もとより上野一国の平定を目指していたわけではない。謙信は信玄に比べると、思うように人的被害を埋められなかった。理由は、元々守護の家格を有していなかったところに起因する家中裾野の狭さ、つまり旗本・譜代、軍役衆といった人材不足と、長大な海岸線・名だたる豪雪地帯という厳しい自然環境、隣国越中・能登・加賀の強大な一向一揆の存在だった。布教の拠点である越中の勝興寺・瑞泉寺等は要塞化して大名権力と対抗していた。

謙信は生涯、二度上洛を敢行したが、足利十三代将軍義輝から、越後守護や関東管領には補任されていない。が、「関東上杉五郎進退の事は今後、景虎の分別を以て意見せしめよ」との御内書を得た（「上杉家文書」上越一八〇）。莫大な金品を朝廷や幕府に献上して、武家相伴衆に取り立てられ、裏書・塗輿の使用を許可されるという足利一門・三管領に準ずる家格も得た[6]。関東管領職は足利幕府が補任するものであり、元々は幕府の出先機関の長である鎌倉公方を補佐する執事、つまり上杉氏は家宰職であった。謙信が手にしたのは、「反後北条派の象徴」として擁立された足利藤氏を古河公方と仰ぐ関東武士――いわゆる伝統豪族の国衆らに推戴された「管領職」、要するに盟主である。山内上杉氏の名跡を継いだからといって、関東管領に就任できるわけではないし、崩壊していた故、山内上杉氏の政治機構や家臣団を引き継いでいるわけでもなかった。しかし、山内上杉家当主とは、謙信が守護代景虎時代に戴いた越後守護上杉定実の家格と同列であり、足利将軍からいわれた「上杉五郎を援けて関東に臨め」とは、反後北条の関東国衆に盟主として認められる条件を満たしていた。これが目的を同じくした信玄の上洛であれば、おそらく同人は関東管領に補任されたのではあるまいか。元々が甲斐源氏の名門で、甲斐国守護の嫡男だからだ。現に、信玄は上洛せずして信濃守護に補任されている。それだけではなく、同時期に嫡子の太郎義信は三管領に準ずる格式を得ている。(7) 越後守護代家の出身だった謙信は何としても、守護家武田氏の家格と肩を並べたかったに違いない。

ちなみに動乱の戦国社会だからといって、大王（おおきみ）が統治した古代日本の時代から連綿と続く、身分制社会の根幹に位置する「伝統権威の体系」、筆者流にいい換えれば武士の序列を規定するという意味における「職の体系」が変容はしても形骸化したわけではないのだ。武士が家格を拠り所とした「身分秩序」という仕組みを失えば、私的武装集団という実態しか残らない。「征夷大将軍」という官職がそうであるように、それは自分たちで作り出せない以上、「古来からの伝統」という実績のある皇室や摂関家から与えてもらったり、姻戚関係を作るしかない。江戸時代、大名の基準となる一万石に満たない禄高の喜連川（足利）・武田・吉良・今川などの高家が高い格式を誇り、大名と同等身分を徳川幕府から与えられたのは、前記の武家が中世武家社会におけるいわゆる「名族」だったからであり、高家を否定する事は、徳川将軍家を頂点とした武家社会の身分秩序を否定する事に他ならなかったからである。

上杉関東味方中の内実――謙信の限界

さて二度の上洛以降、長尾上杉氏は大名としての家格は上がったが、（西国大名程ではないが）後北条・武田氏と違い、評定衆や奉行人の登用といった政務を司る官僚機構の充実には目がいかず、権力の基盤が整備されていったわけではなかった。河田長親、松本景繁のような謙信直臣でさえ国外の支城に出されている。

領国支配の要となる行財政面では、府内代官といえる蔵田氏や、飯田長家・河隅忠清といった内務官僚的な武士もいたし、譜代の大領主である山吉豊守らの存在も大きかった。しかし、彼らが介在した奉書形式のものより、盟主である謙信自らが発給する判物・印判状の類が多かったのも長尾上杉氏の特徴という（新通五七五～五七八・「長尾上杉氏の印判并に印判状に関する研究」相田二郎『上

杉氏の研究　戦国大名論集9』所収)。
永禄九年(一五六六)頃まで謙信が関東において、ある程度の影響力があった時期、上杉軍の軍奉行は北条高広と河田長親であった。以下、謙信の発給した富岡重朝宛安堵状(裁許状)及び北条・河田氏両奉行の制札を掲げる。

上杉輝虎安堵状〔群馬県立歴史博物館所蔵〕『上越』三九八

年来当知行分所々幷去年以往館林(長尾景長)与相論之地石打郷(群馬県邑楽町)以下之事、連々為忠賞今度遂落居畢、永代執務不可有相違状、仍執達如件、

永禄七年三月廿四日　　輝虎(花押a)

富岡主税助(重朝)殿

永禄五年(一五六二)二月、謙信は越関の軍勢を以て、後北条氏に通じて敵対していた上野館林城を攻めて城主赤井氏を降伏させた。同城はすぐに下野足利の長尾景長に預けられた。同氏は、翌年十月二十四日付で女淵地衆と見られる北爪助八に「今度其地石打ニ差置候付而、狸塚(むじなづか)(邑楽町)郷之内拾貫文之所、篠塚(邑楽町)郷之内拾貫文之地、石打郷之内拾貫文之所、為給恩出置之候」(8)として、所領を宛行った事が館林領と隣接する上佐貫庄小泉城主富岡氏との間に領主間相論を引き起こしたのである。

冒頭で「年来当知行分」と記されているから、以前から石打郷は富岡氏が抱えてきた所領であったのだろう。赤井氏が館林城主であった頃は、富岡氏も赤井氏の同心として後北条氏に属していたから、館林領との相論は顕在化していなかったのかもしれない。しかし赤井氏が没落して、新たに足利長尾氏が入封してくると、古来「石打郷は館林領」との認識が景長にあったのだろうか。

元々足利長尾氏は鎌倉から関東管領上杉氏の家宰として、武蔵から次第に北上して上野に入り「上州河北根元足利領内」と後北条氏をしていわしめたとおり、かつて上野の南西部（上大塚郷（藤岡市）・岩氷郷（高崎市）・浄法寺郷（藤岡市）・鬼石村（藤岡市）等）を領していた（「安保文書」群二一九七）。永禄四年（一五六一）の越後・関東勢小田原攻めの頃、作成されたと思われる「関東幕注文」において足利長尾氏は新田横瀬氏に次いで多い二十五名の同心・家風等を抱えて記載されている(9)。これまで辿ってきた、下野足利に至るまでの上杉家家宰の軌跡から、かつての勢力圏領主層を同心に組み入れるよう要求したものだろう。当然、実態を伴ってのものではない。中世の土地所有関係は複雑であり、館林領も佐野・足利・小泉領と入り組んでいたと思われる。謙信は上野等、関東勢力圏の在地支配には踏み込まず、故に傘下とした国衆に支持されたのである。

ところで戦国武家の法概念は、鎌倉幕府の執権であった北条泰時が制定した「御成敗式目」の影響を受けており、「元々の由緒よりも、当知行」という実態が優先される。足利長尾氏はかつて館林地域に影響力を持っていたかもしれないが、富岡氏は今回相論となった「石打郷以下」の所領を当知行として（継続して）抱えており、永禄五年、上杉氏に属してからは忠勤を励んでいたから足利長尾氏の主張は退けられる裁許となった。

その後、永禄十年（一五六七）に富岡氏は再び後北条氏に服属したが、由良氏が前年、先忠に復した為「敵地」となる富岡氏所領（佐貫庄之内上郷五郷）が後北条氏から由良氏へ与えられた――しかし富岡氏も先忠に復した為、今度は由良氏との間に相論が生じた。北条家評定衆による裁許（虎朱印）は「彼五郷、五十余年其方相抱儀、雙方露書付間、無疑候、既廿ヶ年過来儀、於当方不決是非候、然則果而富岡ニ令落居事」となった。しかし由良氏の望みにも配慮して、今年来年までは（年貢は）半済とし、来巳年（永禄十二年）から富岡氏の一円知行を認める。由良氏には両毛の敵地を替地として出置き、該当地が味方に属した場合については、武相において相当地分を替地として出置く――という細やかな対応を見せた（「福井県　原文書」群二三五五）。後北条氏が「戦国大名の典型」といわれる所以だろう。更に越相同盟の頃、上野の支配権を後北条氏から得た（あくまで形式上ではあるが）上杉氏は、服属を巡って再燃した由良・富岡氏の相論に対して、「自相之証文被差越候、明白候、其上既越相御和睦之上者、何事も五ヶ年已前之可為如御下知之候」として、かつての北条家評定衆の裁許にならって、当主富岡清四郎の訴えを認めている（「群馬県立歴史博物館所蔵」上越九一六）。

分国内相論を裁定して、富岡氏のような中小規模領主の不満が出ぬよう安心して働いてもらう為には、以上見てきたとおり、後北条氏のような評定衆等を活用した統治システム（他国衆政策）が必要である。いわゆる「虎の印判状（小田原本家北条氏朱印状）」の判例や農政文書、代替り検地、北条氏照や氏邦ら一族が使用した朱印状といった膨大な本支城群の蓄積（ネットワーク）が、後北条氏という世襲権力の強みであった。その地平に上杉謙信という越後の盟主が到達できなかったのは、本人の資質というよりも北国越後という環境によるものだろう。それは晩年、越中次いで能登に掲げられた諸政策を見ればほぼ明らかである。

北条高広・河田長親連署制札〔群馬県　個人蔵〕『上越』三〇三

制札

右、於妙沢（三夜沢）小屋越関之諸軍勢、濫妨狼籍（藉）停止之、若違犯之輩あらは、不嫌甲乙之人、可被処罪科者也、仍如件、

永禄四年
十二月廿七日
豊前守（河田長親）（花押d）
丹後守（北条高広）（花押）

制札が出された時期は謙信が厩橋城で越年しようとする頃であり、越関の軍勢は三夜沢赤城神社の入口社人集落辺りに駐屯した。大体、軍勢が年を越すのは大寺社の境内であり、荒野に野営するわけではなかった。三夜沢は大軍勢を受け入れる力のある神域だった。年が明けると、謙信率いる越後・

関東勢は館林城次いで下野佐野城攻めに入っていく。この頃が長尾上杉氏の関東における全盛期であり、傀儡とはいえ、足利藤氏の短い上杉派古河公方の頂点であった。謙信帰国後、後北条氏によって足利藤氏は古河を追われ、里見氏領国の安房に逃れた（「秋田藩家蔵文書」上越三一二）。

ちなみに「越関之諸軍勢」と文言の入ったものは、永禄九年（一五六六）三月、下総臼井城攻めに臨んで船橋郷（千葉県船橋市）内天照大神宮に出された河田長親単独署名の制札が、現在のところ見られる最後のものである（「意富比神社文書」上越五〇五）。

天正期に入ると北条や河田以外にも阿賀北の地からも新発田・竹俣といった国衆が、中越地方の国衆である斎藤朝信と共に、上杉奉

三夜沢赤城神社（群馬県前橋市）前橋観光コンベンション協会提供

行人として、名を連ねるようになる。但し彼らの役割は多くの先学によって指摘されているように、制札や定書といった、いわば法令的なものを執達するに限られた。次に掲げる史料は、上越大崎郷頭の和田六右衛門に「伝馬問屋」を命じたものである。

斎藤朝信等三名連署状〔上越市立高田図書館所蔵〕『上越』一二五八

定

右、大崎郷荒井町（妙高市）問屋之儀、其方相定候、就其伝馬宿送無油断町中江急度可申付候、若下知ヲ違背之輩於有之者、曲事之由、被　仰出者也、為後代、仍如件、

天正三年乙亥　六月　日

柴田尾張守（新発田長敦）（花押）
竹俣参河守（慶綱）（花押）
斎藤下野守（朝信）（花押）

新井町問屋
和田六右衛門

阿賀北の巨頭――本庄繁長

越相同盟破綻後、後北条・武田氏に比して兵力に劣る上杉氏は主戦場を、守護、領主層の弱体化が進む越中・能登等、北陸方面に移していく。本国越後を守り抜くと同時に新たな領土獲得の為には、まず人的に、足元の権力基盤を固めなければいけない――越後国内の国衆や陪臣を軍役衆として服属させるのみではなく、在番城将や奉行人、内務官僚に登用する事によって、譜代直臣を中心としつつ、上杉家中という「一体感」を醸成していく必要があった。しかし、内政を担う一体的人材育成よりも、謙信はあくまで外征を重視した。それは、上杉権力の本質が大領主連合である以上、外部に向かう力よりも、国内統制に向かう力が弱かった事を反映していたといえるのではないか。譜代の直江・山吉氏とて中越には有数の領地と軍隊を有していたのである。

国府から遠く離れて、鎌倉時代からの地頭入部で在地に根差した伝統を培ってきた阿賀北衆は、室町期に上杉氏と共に入部した、いわば後発の長尾氏を重んじなかった。血筋の「伝統権威」がものをいう時代である。それは現代を生きる我々の想像を絶するものだっただろう。長尾上杉氏は、為景も謙信も……御館の乱を制した後の景勝でさえも、阿賀北衆の叛乱には苦しめられ続けた。

守護代の末子から出た謙信には元々、守護政所の実務ができる直臣が揃っていない。最後の越後守護上杉定実の時代、段銭方を務めた上杉被官の大熊朝秀のような「官僚」もいたが、政権が交代すれば旧執行部は立場が危うい場合も多い。彼は、既に弘治年間、政権内部の権力闘争に敗れて信玄を頼って甲斐に亡命していった。――Ⅲ章で述。

そんな事もあって、新参や蔵田氏等の有能な御用商人を重用したのだろう。しかも雪深い越後では、冬季に思うような活動は出来ない。甲斐守護家の嫡男に生まれ、強大な一向一揆に脅かされる事もない信玄とでは、環境に雲泥の差があった。米の生産高も面積の割合でいえば、越後は甲斐の二・八倍広いが、逆に米の生産高は太閤検地でいえば甲斐の石高が二二万七〇〇〇石であるから、越後本高三九万七七〇石に会津領小川庄（東蒲原郡）を一万石として加えても、二倍に満たない。

武田と比べての利点は、商品作物である青苧の存在と領土が海に面しているという点である。中世越後の国の広大な平野部は、信濃川や阿賀野川は勿論の事、大小河川が洪水を繰り返す為、潟が多く、気候のせいもあって米穀の生産性は中々上がらず、水運を頼った商品流通という経済活動を重視せざるを得なかった。水上交通の要所にあった下倉城主福王寺氏の諸役を免除したのもそうした事と関係があろう。領民の生活を成り立たせていく為には商人による経済活動が必要不可欠である。しかも、まつりごとに重要な家格上昇には、朝廷と幕府関係者に莫大な工作費がかかる――上洛時、御礼として、鳥目数千疋、太刀、馬、黄金、越後上布等が献上されていた。

謙信が上杉氏の名跡を継いで関東に侵攻したのは、家格上昇に見合った権力を外征によって確立するという面もあった。例えば、関東管領の「軍勢催促権」行使がそうである。また、阿賀北から見て越中・能登より近距離の北関東は、外様の大領主たる阿賀北衆を動員できる勢威発揚の場であるといえた。

事実、色部・五十公野氏は下野佐野城の在番城将となっているし、謙信の死後、景勝と対立して滅ぼされた（五十公野改め）新発田右衛門大夫（重家）は一時、沼田城在番も務めている（「東京都　板谷胤一氏所蔵」上越九四六）。

但し、その現実は起請文を授け誓詞交換の上、あくまで「個別の要請」により成立し得る不安定なものだった。だから五十公野氏（後の新発田重家）は北条・佐野氏の攻撃で城が危ないと見るや、自身の判断で佐野在番を放棄して帰国の途についてしまった（「東京都　反町英作氏所蔵」上越五六〇）。

永禄十一年（一五六八）三月、武田信玄の誘いに乗った阿賀北衆最大の巨頭である本庄繁長が、居城の村上城に拠って挙兵した（「寸金雑録」越佐四―六五四　六五五）。不運は続くもので同九、十年からの箕輪落城、厩橋北条氏離反、下野佐野放棄という「魔の三年間」の総仕上げとでもいうべき謙信にとって生涯最大の危機が訪れた。

ちなみに永禄十一年といえば、織田信長が足利義昭を奉じて上洛した年である。前年、国主斎藤龍興を倒して美濃一国を平定した信長は、姻戚関係にあった北近江の浅井氏と徳川家康の援軍も含めて数万の大軍を率いて破竹の勢いで、南近江の六角氏を撃破し京都まで一気に攻め上ったという。

そう記すと、信長が如何に後北条・武田・上杉などと比較して幸運に恵まれていたかのように思えるが、決して幸運だけではない。半分はそうかもしれないが、半分は信長の父信秀の代からの苦闘と家中犠牲の上に成立し得た成果だ。

謙信の関東介入（侵攻）のように討伐戦を徹底せず、服属してきた国衆の在来諸権限を認め、軍勢を催促するのみのやり方では数ヶ国にまたがる領国形成は不可能である。極端ないい方になるが、滅亡させなければ「次」に行けないのだ。悲しくも恐ろしい事実だが、権力の本質が何であれ、北条も武田も織田もそうやって勢力を拡大し、大戦国大名として我が国の歴史に名をとどめている。

謙信は相手を滅亡させる戦いはあまりしていない。前述のとおり、動員兵力が少なかったから、現実的ではなかった。天正三年（一五七五）と思われるが、籠城していた兵士でもない領民であろう「男女を共に悉くなで斬り」にしたのは上野桐生領の猿窪城という山間部の小取出を攻略した時である（「太田文書」上越一二二八）。栃尾城時代、越後守護代で実兄長尾晴景の名代だった頃、黒滝城に拠った黒田秀忠一族を滅ぼした事があった（「長谷川氏所蔵文書」上越五）。相手が父長尾為景配下の新興勢力だったからだ。

それ以上の強大な敵がいた。代々南魚沼郡の坂戸城に拠る上田長尾氏だった。越後統一の過程において天文二十年（一五五一）に軍事衝突した最大の敵は同族の長尾氏であり、謙信を輩出した守護代家・府内長尾氏が一族の中で、特別に抜きん出た存在ではなかった。だから府内長尾氏を中心とした旗本と譜代のみでは討伐できず守護上杉氏以来の国衆平子氏にも参陣を求め、謙信自身が上田城に出陣せんとしたところで政景は降伏した（「平子文書」上越五四）。本人は処刑されず、所領は削減される事もなく、城も軍隊もそのままであった。政景は戦後、配下の佐藤氏に給恩地の判物を出している（「謙信公諸士来書」上越五六）。争乱を収める為に、人質として政景の実弟を府内に出すという話もあったが、結局実現していない（「武州文書」上越五一）。逆に謙信は姉を政景に嫁がせたと見られるから、滅亡させるどころか絆を深める形である。それから数年たって政景夫妻の間に生まれたのが、後の景勝である。なお推測だが、政景の嫡男は先に生まれていたと思われる時宗（景勝の異母兄ヵ）ではないか。永禄七年（一五六四）の佐野攻めでは花押はないものの、四月三日付で上田衆に感状を出している（「歴代古案」巻七・「新潟市　井上慶隆氏所蔵」上越四〇一　四〇二）。しかし、途中から史料の上では消息が掴めなくなっている。

本庄繁長叛乱は、隣国にも及んだ大規模なものだった。以前から繁長は国境を越えて出羽庄内の大宝寺領内に攻め込み同氏を傘下に収めていたから、謙信にとってはかなり扱いにくい手強い相手だった。信越国境には本庄・椎名等反上杉と連携する武田軍が迫り、譜代・旗本だけでは手が足りず、ようやく国境防衛の布石を打って謙信自身が村上の地に着陣したのは、十一月七日であった（「歴代古案」巻五　上越六三〇）。遠大で用意周到な信玄の策動に振り回された結果だった。尤も振り回されたのは本庄氏も一緒で、信玄は飯山城を突破せず越相同盟のきっかけとなった主目的の駿河今川攻めにまわり、謙信の背後を突く事はなかったから、越中の椎名氏同様に「利用された」だけであった。

叛乱から一年近くが経った永禄十二年（一五六九）二月、相変わらず村上城を攻囲中の謙信は関東味方中で越相同盟に反対している安房里見氏に書状を送り、「本庄弥次郎在府闕落、就之此口ニ立馬候、雖然、伊達輝宗・芦名盛氏、弥次郎進退頻而意見候間、彼両所ニ為志、可赦免由存候」として、隣国の伊達・芦名氏の調停を受け入れて繁長を赦免する意向を示している（傍線は筆者・「中村直人氏所蔵文書」上越六六九）。

叛乱軍に加担する阿賀北諸氏は皆無であり、越後勢が村上城を包囲したにもかかわらず、叛乱分子を滅亡させる事は出来なかった。本庄攻めの最中、謙信は新発田忠敦に証人・誓詞を督促した書状中で「各陣衆〈中略〉要害攻候砌も一向ニ不被入心」と嘆いている（「歴代古案」巻三　上越六七四）。本庄攻めが長引いた理由は、新発田をはじめ先陣の阿賀北衆が気を入れて攻めないからであった。過去の例からいって本庄氏程の大領主を滅亡させる事は出来ないだろうし、恩賞も期待出来ない。しかも「明日は我が身」かもしれない。

――強い信頼関係が築けていれば別だが、ひとは具体的な利がなければ他人の為には動かない。結局、繁長は降伏したものの、領地も削減されず、子息千代丸（のちに出羽大宝寺氏入嗣）を上杉氏に人質として差し出しただけの軽処分に終わっている[10]（「稲月文書」上越六九一）。

里見氏宛て書状には「本庄弥次郎在府闕落」とあるから、繁長は当時越中に侵攻していた上杉軍の後詰として、府内春日山に詰めていた可能性はある。挙兵に当たって、繁長は「夏中」、同じ阿賀北の中条藤資を誘っていたという。しかし同調は得られず、中条氏は「計策之書中」をそのまま謙信に差し出している（「上杉定勝古案集」上越六二二）。藤資も越中には参陣していなかったのだろう――繁長同様に府内春日山に詰めていたのかもしれない。

色部氏は勿論の事、阿賀北衆に対する参陣要請から上杉軍役衆への道は、謙信による外征に次ぐ外征を通して確かに前進していったが、その起点は、中央の足利将軍義輝・摂関家に礼を尽くし、家格上昇と「関東介入」（越山）の大義名分を獲得した永禄二年（一五五九）の上洛だった。いい換えると謙信は越後国内外に向けて、反後北条派関東管領（による求心力）という「中世的秩序の枠組み」をあくまでも必要としていた。それ程「戦国国衆の壁」は厚かったといえる。

しかも、北陸・関東の領地争奪戦は東海地方から興った織田政権の登場によって新たな局面を迎えていた。先程触れたが、謙信と同じく永禄二年に上洛した織田信長は、翌年桶狭間に今川義元を破り、同十年には大国美濃を平定して、武田領信濃と境を接するに至っていた。豊臣時代的に表現すれば、この時点で信長は「百万石を超える」大大名に成長していたのである。

ちなみに親上杉の大名から謙信に宛てられた書状では、（混然とした使用例として）よく末尾に「越府」と記されているが、守護府の置かれていた府内と長尾上杉氏の本拠である春日山は本来、別のエリアである。謙信に関東管領職を譲った上杉憲政は隠居生活を、府内に造作された御館で営んでいた。春日山城やその城下である春日は、越中侵攻などで各地域の国衆が軍隊を率いて駐屯する場所ではなかったようだ。――状況の変化によっては、当主の不在時など、逆に本拠たる春日山城が攻められてしまう可能性もある。越中後詰に限らず年頭の挨拶など春日山城参勤の際は、本庄・中条等外様国衆は平野部の府内に軍隊や宿所を置いたと考えられる。(11) やはり春日山城と城下は、譜代側近の屋敷もあったが、謙信の出身母体である中越の三条・古志栃尾をはじめとする馬廻り旗本衆で固められていたのではないだろうか。

府内は越後の政庁所在地であり、春日山は関東管領であり越後国主でもあった長尾上杉氏の居城エリアと

春日山城跡　上空から（新潟県上越市）上越市教育委員会提供

いう事になろう。大名が平地に城郭を築き、その中に政庁を設置するのは大名間争乱が収束した豊臣時代以降の事である。

それにしても春日山城域の規模は壮大で、現在も城址にはたくさんの削平地が残るが、実城を支える麓の付属砦群まで含めると総面積は百二十万坪を超え、豊臣期の大坂城を凌ぐ規模である。かなり前だが、一月中旬の雪が積もった青空の下、今は土産物店や駐車場になっている、馬場があった場所から矢倉台のある山頂を眺めた事があったが、実に雄大で清々しく、言葉が出なかった事を覚えている。後で地元の方にきいた話では、この時期雪が止んで晴天になるのは珍しいとの事であった。

中央では織田信長が足利義昭を室町幕府十五代将軍に据え、畿内平定に王手をかけようとしていた時期に、かたや謙信は国内阿賀北・隣国越中の動乱に苦しみ、「越後半国」の兵で対処せねばならなかった。

しかしながら遅々とはしていたが、先代為景の時代のように阿賀北衆が一致団結して長尾上杉政権に刃向かう時代は終わり、本庄氏叛乱は越後一統に向かって大名権力が確立していく中における、「吸収への抗い」を示すものとして、（次元は異なるが）御館の乱後の新発田重家叛乱と同様に位置付けられる。本庄氏挙兵は、謙信が経験した最後の国内国衆叛乱となった。だがしかし、それは、後世の人間だからこそ下せる平凡な評価だろう。

本庄氏叛乱から十年を経た、謙信死去後の四月二十日、本庄入道全長（繁長）は上杉側近の吉江喜四郎に宛てて、次のように述べている。「御書之趣精拝領、抑、今度謙信様御他界、乍恐万民之浮沈此時候、然而被任御遺言、即御実城江御移、各馳走千穐万歳御目出奉存候、随而愚入事、奉対御当代、急度可走廻由被仰下候〈以下略〉」（「吉江文書」越佐五―四五三）――遺言により景勝が春日山実城に移り、上杉当主となった事を祝し、その命に従うといっているが、書状中「謙信様」と記している。つまり、御屋形様とはいっていない。繁長にとって家格は上だが謙信は主君ではなく、半独立関係において従う、いってみれば、この時点に至っても越後上杉政権の協力者であった。

Ⅱ章　註

（1）　安房・上総に勢力を張る里見氏の重臣正木時茂は、永禄三年（一五六〇）十月二日、越後府内宛に書状を送り「就敵(北条)久留里(上総)張陣に就き、御越山の義申し入れ候の処、早速去る月(九月)上旬に御旗進められ、明間(上野)・岩下(上野)・沼田(上野)の城攻め落とされ、北条孫次郎を始めと為し、宗者数百人討ち捕えられ〈以下略〉（読み下し・漢字一部仮名）」と述べている（「歴代古案」三　埼二七二）。

（2）　由良成繁が藤生紀伊守に送った書状に「急度(きっと)切紙差し越し候、今夜伊勢前(赤石城)へ神(崎)のか(上カ)け(崖カ)より火矢を射、力丸安芸屋敷・安俣方屋敷を射（られるに）付き候。番衆見合い消し候え共、大風と云い、一所ならず候の間に悉く焼かれ候、是非無き次第に候〈以下略〉（読み下し・漢字一部仮名・文中括弧内筆者）」とあり、落胆している（「由良文書」群二七四八）。書状の日付は十二月二十七日であり、上州のからっ風にあおられる季節である。強風の日に、城の風上から火矢を射かけられたらどうなるかという実例である。当時は草葺きの屋根が多く、そうした燃えやすい箇所を狙ったのだろう。攻略を目的としないのであれば、少人数でも城にダメージを与えられる一つの方法である。

宛名の藤生紀伊守は桐生城代と見られる。（書状の省略した部分では）桐生川流域から、焼失した城の修復に必要な木材等の調達を命じられている。上杉方であった桐生城が落ちたのは、天正元年（一五七三）三月十二日とされる（「赤城神社年代記録」『山岳宗教史研究叢書17　修験道史料集〔Ⅰ〕東日本篇』五来　重編　名著出版　昭和五八年　所収）。

ところでこの書状の年次は、『群馬県史』では天正元年、『桐生佐野氏と戦国社会』（桐生文化史談会編　岩田書院　二〇〇七年）の62頁（「戦国期桐生領の林産資源と生業」の項）において、簗瀬大輔氏は謙信の赤石城攻めに関連して天正二年（一五七四）としている。ただ、天正元年にしても同二年にしても、謙信自身はこの「赤石城火矢攻め」には関与していない。天正元年の場合、当時羽生同心の玉井豊前守に宛てた十二月二十五日付書状において、謙信は「〈上略〉越山の儀、越中帰馬已来覚悟せしめ候の処〈省略〉労兵にて見立て無く、また長陣も之無く候えば〈省略〉先年の内は諸軍休ませ、越年候わば、即ち正月五ヶ日の内に雪をわらせ越山すべく迄に候〈以下略〉（読み下し・漢字一部仮名・傍線筆者）」と述べている（「下條文書」上越一一八一）。という事は十二月の末は、本人は越後春日山或は府内にいた。越山は年を越してからになる。

天正二年の場合は、閏十一月二十日付で会津の芦名盛氏に書状を送り、その中で「羽生の地は越衆諸勢に申し付け破却せしめ、十九日当厩橋城に至り先ず帰馬せしめ候（読み下し・漢字一部仮名）」と述べている（「名将之消息録」同一二三八）。関宿・羽生城攻防戦に敗北した謙信は自らの手で羽生城を破却して、閏十一月十九日には厩橋城まで引き揚げた。書状の終わり近くには「帰路之時分」という表現があるから、厩橋で越年はせず越後に納馬したのだろう。後にⅢ章で取り上げるが、帰国してから十二月十五日付で、会津円蔵寺（と思われる）宛に越山の事等、近況を記した書状をしたためている。

では火矢を放ったのは、どの手の者だろうか。天正初期、後北条・由良氏に敵対していた伊勢崎に近い近隣勢力は――厩橋北条氏、女渕の後藤氏、二宮赤城神社といった上杉方である。天正五年（一五七七）までを視野に入れるとすれば、那波顕宗の可能性も出てこよう。一番、地の利があるのは那波氏配下の地衆だろう。

（3）　永禄十三年〔元亀元年〕（一五七〇）十二月二十一日付で、色部弥三郎〔顕長〕宛「頸城郡内大貫村山之御年貢請取事」として、上杉家料所の農民から合六貫文の年貢が皆納された事を知らせる河隅忠清らの連署状がある（「東京都　反町英作氏所蔵」上越九五五）。色部弥三郎は当時下野佐野城在番衆の一人だったと考えられる。（元亀三年）壬（うるう）一月二十九日付で同氏に宛てた「上杉謙信書状」では、冒頭から「其地に長々と在番し、苦労是非無く候、ことに土橋をもかけ、普請以下精を入れるの由、喜悦に候（読み下し・漢字一部仮名）」とある（「東京都　反町英作氏所蔵」同一〇八八）。家格上昇を願って最初の上洛から苦節二十年、ようやく外様国衆にして阿賀北の実力者（色部氏）を国外在番とした地平に到達したのだ。ちなみに色部氏は後に、上杉米沢藩の家老職となった。

なお「其地」が佐野を指すとは考えにくいという意見もあるが、当時色部氏が佐野以外で長く在番を勤めたという史料は今のところ見当たらない。越中の魚津、松倉等の上杉支城は下越から遠く離れており、実際、上杉譜代の河田長親が在番している。本庄、中条ら阿賀北衆は越中にも参陣していない。先の書状は文脈からして越後国外であると推察され、越相同盟で再び一時的に佐野を東方への拠点とした可能性がある。色部氏が上杉連合権力内部に入り、在番を引き受けて勢力を伸ばしていこうとする方向性故の選択であったと考えられる。

（4）　長野氏の鷹留城に近い、曹洞宗の長年寺（現高崎市）には永禄十年（一五六七）三月七日の日付で、当時の住持・受連が書き記した「覚書」が伝えられている。それによると「永禄九年九月廿九日、箕輪落居の上、晴信御自ら（面意を）以て、当寺寺領前々の如く相違なく渡し下される者也（読み下し・括弧内筆者）」と箕輪落城の記事が見える。受連和尚が命がけで武田から獲得した制札らしく、「晴信御出張の時、直ぐ参上を遂げ、申し請ける制札也。数箇度箕輪において当地これ動く時は、愚僧一人当寺に残り留まりて、かの御判形捧げ持ち、諸軍に立ち向えり、問答すること七ヶ年也、直刃に触れ戦いし事一度、剝ぎとられし事三度、人馬雑物取られし事は数知れず。餓死に及ぶ事両年、寺家門前二百余人之僧俗離散し尽し、他方において失せ死す。只吾一人、終いまで此の地退かず、山に臥し里に隠れ、当寺を守る。上下百里の内、神社仏閣一所も残らず、人境断絶す〈以下略〉（読み下し・漢字一部仮名）」――とある（「長年寺文書」群二三四四）。金銭を支払い、苦労して大名から制札をとっても、この有様である。このあとも和尚の苦労は綴られているが、もはや言葉が出てこない。山内上杉家当主として、分国を自認した西上野最大の上杉与党・長野氏を、謙信は後詰救援できなかった。

※長年寺の開祖は、上野白井の雙林寺三世曇英恵応禅師で、長尾上杉氏菩提寺である越後林泉寺の開祖でもあった。

（5）　小田原合戦のきっかけを作り戦国史にその名をとどめる、いわゆる名胡桃城という名称は謙信死後、長尾上杉氏の勢力が関東から後退して後、真田氏築城になる城郭名である。謙信の時代は北上野沼田氏の一族といわれる名胡桃氏が築いた居館が、現名胡桃城祉内の「般若郭」に相当するとされる。天正七年（一五七九）、上杉景勝から「切取り次第」と東上野を割譲された武田勝頼は沼田城攻略の為、配下の真田昌幸に命じて利根川西岸域の寄居・名胡桃館を奪い、隣接地に城郭を築かせた。名胡桃城址外郭に馬出の遺構が認められるのはその為である。

（6）　公卿山科言継の日記、永禄二年（一五五九）五月二十四日の部分に、「越後国名河（長尾）上洛云々、武家御相伴御免云々、千五百人計有之云々」とある（『言継卿記第五』続群書類従完成会）。謙信が許された、室町幕府における高い格式を示す相伴衆は戦国期には三好・朝倉・大友・後北条氏等も任じられた。

六月二十六日付、足利義輝御内書に「裏書事免之条」とある（「上杉家文書」上越一七七）。

同日付、大館晴光副状に「御文言者三管領・御一族計へ之御書札之事候」とある（「上杉家文書」上越一七八）。

同日付、足利義輝御内書に「塗輿免之事」とある（「上杉家文書」上越一七九）。

（7）　年未詳だが、武田氏側から幕府の大館晴光に宛てた「今井昌良書状」には「今度義信三管領に准じられるの旨、ならびに晴信信州守護職の事、申し上げられ候処、相違なく調べ仰せられ、両条の御判成し下され候」とある（読み下し・「木村家文書」『山梨県史資料編5　中世2

上』五〇八）。他にも、「信州補任之御内書」という表記が三ヶ所も出てくる有名な、大館晴光に宛てた信玄の信濃出兵に関する「弁明」を記した書状がある（「編年文書」『甲府市史　史料編第一巻　原始・古代・中世』341号）。

（8）「長尾景長宛行状」（埼玉県　北爪重一氏所蔵文書）『群』二二〇二

北爪一族は、長尾上杉氏が小田原攻めの為に作成した来属諸氏の名簿である「関東幕注文（上杉家文書）」中の足利衆に属す新井氏に従っていたと見られる女淵地衆であった（「北条氏邦書状」（勢多郡　北爪文書）群二九八八）。

天正二年二月〜三月、関宿・羽生城攻防戦の頃、上杉氏によって東上野の深沢、御覧田、善、山上、女渕城が攻略された。深沢（上神梅）、女渕には越後衆が置かれたという（「山形県　西澤徳太郎氏所蔵文書」群二七五五）。同年と見られる五月六日付で、北爪長秀は三夜沢赤城神社神主奈良原氏に宛て、「此度女淵本意にいたし申し候について、三夜沢大明神寄進といたし、鼻ヶ石に竹の内に百文〈以下略〉（仮名一部漢字）」とあり、所領を寄進している（「勢多郡　奈良原文書」群二九八九）。この頃の三夜沢赤城神社は大胡領であり、厩橋北条氏の領内であった。

女淵城が上杉属領であった頃、助八の一族と思われる北爪右馬助は、女渕城主後藤勝元の指揮下にいて、上州各地を転戦している（「北爪右馬助覚書」（岩手県　南部文書）群二六九二）。桐生領猿窪（皿久保）城の攻略戦では瀕死の重傷を負い、前線から下げられて謙信から褒美として蔵米百石を拝領したとある。

上位権力が如何に変わろうとも己が所領を守り、死を賭して戦い抜いた地衆の姿は、これからも明らかにされていくだろう。

（9）「関東幕注文（下野国足利衆のみ抜粋・編集）」『上杉家文書』（次頁の表）

	氏　名	統率者との関係	幕　紋	地　域
1	長尾但馬守(景長)	統率者	九ッともへにほひすそこ	足　利
2	小野寺	同　心	くわのもん（窠の紋）	足　利
3	縣左衛門尉	同　心	わちかひ（輪違い）	足　利
4	岡部弥三良	同　心	丸之内の十方（十万ヵ）	北武蔵
5	安中将監	同　心	あふふ（黄布）の丸	西上野
6	平沢左衛門三良	家　風	扇	北武蔵
7	安保次郎	同　心	月	北武蔵
8	小幡次郎		かふ竹（株竹）団	西上野
9	小幡道佐	同　心	おなしもん	西上野
10	名草	同　心	わちかひ	足　利
11	小保（小俣）	同　心	ミのしろ	足　利
12	毛呂安芸守	同　心	かりかね（雁金）	東上野
13	本田左馬助	同　心	すわま（洲浜）	北武蔵
14	本庄左衛門三良	同　心	団之内ニ本之字	北武蔵
15	市場伊勢守	同　心	すハま	東上野
16	久下新八郎	同　心	三引りやう（三引両）	北武蔵
17	浅羽弥太良	同　心	いほりの内十方	北武蔵
18	三田七郎	同　心	左ともへにかしハ	西武蔵
19	縣七郎	同　心	わちかひ	足　利
20	大屋右衛門	同　心	すわま	東上野
21	大屋上総介	同　心	すハま	東上野
22	小此木大炊助		ますかたの月	東上野
23	新居与六		たかのは（鷹の羽）	東上野
24	平沢宮内左衛門		扇	北武蔵
25	淵名大炊助		いほり之内十方	東上野

長尾氏の紋は九曜巴であり、にほひ（匂い）・すそこ（裾濃）は、大鎧の様式同様に陣幕の様式である。

窠紋は木瓜紋の事。本庄、小幡氏の「団」とは児玉党に特有の軍配団扇紋である。

岡部氏は小野姓猪俣党であり、「十万」・「丸に十文字」等の字紋を使用していた。『寛政重修諸家譜 第十（巻五九七)』にも、字紋、九曜紋となっている。十方は七宝という解釈があるが、岡部・横瀬・赤堀氏等、字紋系の諸氏にはあてはまらない。十方は十万の誤りではないだろうか。

要するに、幕注文の紋は来属諸氏の申告ではなく、上杉事務方が各陣所を回って書写したものと思われる。従って誤写や、安中・佐野氏のように紋が見られないものがあるのではないだろうか。

（10）強固な山城─村上城を擁する本庄領は、上杉分国外であったのだろうか。研究者の中には阿賀北を長尾上杉分国（版図）外と規定する人もいる。天正三年（一五七五）の上杉軍役帳には、本庄繁長の名は見えない。Ⅲ章で取り上げるが、上杉分国内八十一名の諸将を注記した同五年（一五七七）末の上杉家家中名字尽にも繁長の名は見られない。

　時代は下って、天正十五年（一五八七）、関白豊臣秀吉によって「関東・奥羽両国の惣無事」（いわゆる惣無事令）が出されると、秀吉側近の富田一白は十二月二十日付で繁長に書状を送り、東北地方への同法令伝達の協力を求めた。「関東幷奥両国惣無事之儀、此宗洸（金山）被差遣候、其元路次等宿送之儀、被仰付候者、可為満足候、向後於上辺御用之儀候者、可蒙仰候、不可存疎意候〈傍線筆者〉」とある（「上越市　渡辺慶一氏所蔵」上越三二〇六）。宛名は「下越後本庄殿　御宿所」である。謙信が奥郡と呼んだ下越地方の伝馬宿送は、上杉氏が掌握していた筈であるが、本庄氏の城下から出羽に至る宿送は同氏の一元管理下に置かれていたものと見える。今後においても上方の御用は疎んじる事なく従うべしとあるから、本庄氏は中央政権から直接に指示を受ける「大名扱い」されていた事になる。（別の意味でいえば、豊臣政権からは上杉分国の注意分子と見なされていたという事でもある）

　豊臣政権による「惣無事令（大名間私戦の禁止等）」は、旧領回復を目指して出羽庄内に攻め込み最上義光と抗争した繁長・大宝寺千勝丸父子に、天正十六年（一五八八）十二月九日付で景勝宛の秀吉直書が出され、適用されている。──「仍山形出羽守（最上義光）分領与哉覧庄内城（山形県鶴岡市）、本庄乗取之由申越候、事実候哉〈以下略〉」とあり、年が明けて春になったら双方を上洛させて事実を糾明するといったものだが（「長野県　片山光一氏所蔵」上越三二七一）、これは景勝が報告した事ではなく、手に入れた尾浦城等を落とされ大宝寺領を失った最上氏が豊臣政権に訴え出た結果、秀吉が命令したものだ。

　本庄氏の庄内奪還について、景勝は「其庄仙勝丸就本意、及使者候、仍為音信虎皮一枚遣之候」と、繁長に宛てて勝利を祝している（十一月二十四日付、上杉景勝書状「北海道　本庄俊長氏所蔵」上越三二六九）。ただ同史料の市史見解によると「（書状の）景勝の花押aは天正十一年秋まで使用」という。そうすると、三二六九号は天正十六年当時、景勝が出したものではないという事になる。つまり上杉氏は本庄父子の庄内攻めに関与していなかった可能性がある。

秀吉直々の詰問に景勝は十二月二十八日付、繁長宛の書状で「千勝（大宝寺義勝）急被為上洛尤候」と述べ、危機感を露わにしている（「米沢市上杉博物館所蔵」上越三二七二）。

結局、翌天正十七年（一五八九）に上洛した千勝丸は景勝側工作の甲斐あって「惣無事令違反」で罰を蒙るどころか、出羽庄内は大宝寺武藤氏に安堵された。千勝丸は左京大夫の官途・出羽守受領という綸旨を賜り、昇殿を許された。同年七月十一～十二日にかけての事という。当時の千勝丸（義勝）の「日記」には、金銀・馬・太刀・越後上布等莫大な贈答費用の明細と共に記されている（「北海道　本庄俊長氏所蔵」上越三二九七）。――この時期、関東・奥羽地方平定という大事業を控えていた秀吉にとっては、北国の要である上杉氏並びに本庄氏を処罰する事は得策ではない、という高度な政治判断があったのだろう。本庄氏の実力行使は中世社会における「自力救済」であるが、これを否定したものが豊臣という統一政権による「惣無事令」である。それにしても、景勝の介在は遠慮がちであり、大領主本庄氏の実力を彷彿させるものである。

(11)　本庄攻めのさなか山吉豊守ら上杉譜代の宿老が、阿賀北の中条藤資（脇付―参御宿所）に送った書状中に、「春日山国中之在府衆へ」という文言がある（「中条町　高橋六之助氏所蔵」上越六二四）。慣用語として使っていると見られるが、在城衆ではなく「在府衆」という表現をしている以上、やはり参勤した外様国衆ら大身の領主は府内から春日山城（実城）に出仕していたと考えられよう。

Ⅲ章　上杉家家中「名字尽」の背景と最後の陣触
――羽生衆の動向を中心として

上杉家家中「名字尽」について

はじめに

「魔の三年間」を何とか乗り越えた謙信だったが、今までのように外様国衆と同盟服属関係を結び「中世的秩序」を維持していくだけのやり方では、権力の伸張はおぼつかないという事実を認識したのではないだろうか。少なくとも北陸において、領国化政策を伴う外征が、顕著になってきたのは元亀年間以降、晩年の特徴である。永禄年間までは、例えば、父為景の代から続いた与党（越中新川郡の）椎名康胤に応じた越中出陣[1]、姻戚である北信濃高梨氏等を援けての川中島出陣、越山初期の関東味方中に対しての軍勢催促は、何れも中世的秩序そのものであり、「近所の儀[2]」に見られるような、近隣領主としての「介入」の延長線上にあった。こうした政策は、椎名氏の裏切りや川中島の放棄、実質的な関東からの撤退という形で、いずれも破綻をきたしている。

但し、北武蔵羽生城に拠った親上杉の広田・木戸氏ら羽生衆の服属については、単純にはそうともいい切れない。――越後からはるばる南下してくる上杉氏の抑止力を活用して、一時は近隣の大勢力である忍城の成田氏ともほぼ互角に対抗し、広田直繁は館林城将に抜擢された。一族は、羽生城自落後も東上野において上杉氏に属した。その全盛期は短かったが、利根川以南において天正二年（一五七四）末まで唯一の上杉方国衆（関東味方中）として輝きを放った……。

Ⅲ章では、謙信の芳志がにじみ出た羽生城最後の攻防及び、同六年（一五七八）の関東越山に向けた動員名簿といわれる家中「名字尽」の考察を中心に、広田・木戸両氏の地域領主として自立を志向した史的群像を考えてみたい。この事が関東における、「もう一つの国衆の可能性」を示唆し得ると筆者は考える次第である。

「越相同盟」によって謙信は古河公方・足利義氏を承認し、後北条氏は長尾上杉の関東管領職を承認した。同盟が二年足らずで崩壊したあとも、謙信は再び敵となった義氏の事を「義氏様[3]」と敬称している。勿論、実態は主従関係など端から存在していない。関東管領にしても古河公方にしても、（お互いに敵同士であるから）全く意味をなさない代物となってしまった。

越相同盟崩壊後も謙信は部分的に「中世的秩序」の体裁を維持しようとした。越山を止めてしまえば、「関東管領の看板」は下ろさざるを得なくなる。山内上杉という家格は、本人にとっては何物にも代え難い存在であったに違いない。関東への介入は維持しなければならなかった。その為には上杉領東上野を守る戦略が必要である。かつて「享徳の乱」において、古河公方足利成氏が関東管領上杉氏と戦う為に家臣の簗田氏を関宿城に、野田氏を栗橋城に置いたように、謙信もまた関東出自の証人や味方中を東上野の上杉支城・属城に配置している。同盟が崩壊したのちも、後北条証人であった三郎景虎を小田原に返さず養子として越後に置き続けた事も戦略の一環であったろう。ここでは謙信晩年の戦国生き残りを賭けた関東戦略を、仮に「証人戦略」と呼んでおこう。具体的には、佐野家中証人と思われる竹沢山城守を沼田城に配置したり、由良領「新田向い」に今村城を取立てて、木戸氏ら羽生衆や、永禄三年（一五六〇）に降伏させた那波宗俊の証人である嫡子次郎顕宗を城主として送り込んだ事などがそうだ。

――その先に見据えていたものは、東上野を上杉領国に転換せしめる「支城在番制の展開」ではなかったか。

謙信は関東管領として越後・上野を自身の分国としたが、当初は「軍勢催促」という形で広く関東味方中を参陣させるのみであり、上野国衆に対しても同様であった。大名権力を経済的に支える上杉家料所は、永禄八年（一五六五）六月二十四日付上杉輝虎願文に書かれた「何国ニも料所一ヶ所もまつらハす候」という有様で、越後以外には設定されていなかった（「歴代古案」巻二十　上越四六一）。太田資正が永禄五年（一五六二）と思われる五月十四日付三戸駿河守宛の書状中、「屋形御料所一向無之候」と述べている事からも明白である（「三戸文書」埼三四四）。但し、例えば厩橋城には謙信の祈願所があり、城主北条高広は謙信にとって、代官扱いであったから、上杉台所入りはなくとも、城領維持の為の「直轄領」はあったと思われる。永禄九年（一五六六）以降は、越山という軍事行動のみに頼る分国維持は不可能となり、西上野は武田領と化し、実質的には関東から撤退する形となり――越中を皮切りに、政策面での転換がなされるようになってくる。

越中侵攻により魚津や富山が拠点となり、料所の設定や河田長親ら上杉代官による村落支配が断行され、支城や法令が整備されていく事を思うと、そうした領国化政策が上野に向けられるのは当然の帰結であった。裏を返せばそれは、武田・織田・後北条氏に対する焦燥感である。軍事力を強化し、領国を拡大せねば生き残れないという……。既に、永禄七年（一五六四）頃までに沼田城は上杉単独支配となり、城主沼田氏は没落していたと考えられる（後述）。根利には関所も設けられ、筆頭城代河田重親をはじめ大石・小中（大蔵少輔）・上野ら複数の城将が領域支配に関わり、天正元年（一五七三）に桐生城は失ったが、北は湯檜曽（ゆびそ）・古仲（こなか）、南は森下、東は由良領に接する深沢・仁田山（にたやま）地域までを押さえている。黒川谷領主の松島氏・阿久沢氏も沼田城配下に位置付けられていた。

ただ上杉氏の場合、沼田城にせよ上越国境の猿ヶ京城にせよ、いわゆる支城在番衆として城将の交代が定期化されていたわけではない。厩橋城に至っては、上杉支城とはいえ北条氏は城主である。例えば後北条氏は後年、謀叛を起こした由良氏から金山城を接収して在番支城とした。後北条支城期の厩橋城もそうだが、金山城の守備は城代の清水太郎左衛門尉とは別に、付近の他国衆を交代で在城させるという当番制を採用していたから富岡氏は「金山三番衆」とされ、大胡城の毛利弥五郎（北条高広）らと交代で勤番するという体制であった（「目黒文書」『戦国遺文　後北条氏編』三九五三他）。上杉氏時代の沼田城は、謙信という上意権力の意向で不定期に城将が異動する形であり、領域支配の城将専決が気に入らず自身の指示を厳命する事もあった。関東境目の支城は、新参・譜代で固められた越中の上杉支城とは事情が異なっていた。

佐野放棄の後、永禄十一年（一五六八）一月八日、謙信は松本（景繁）・河田（重親）ら沼田城将五名に書状を送り、細々と指示を与えている。

――「納馬以来、其口之様子、内々無心許思候処、敵説聞届、注進祝着候、重而従那和（群馬県伊勢崎市）筋越人、新田（同太田市）・館林其外南方（北条氏）之手成具聞之、可申越候〈省略〉一、従当国差置候一騎合之者、又者今度自佐野召連、残置候者共も、城外ニ在宿由其聞候、有左様者、頓与不可立用所ニ候、皆々城内ニ引寄、以前申付候廻輪ニ可差置候〈省略〉一、吾分共見当其地（沼田市）預置候処、皆々存不請故、武具馬々介等無嗜候間、其下々之者共も、一向未熟之段令聞候、豊前守（河田長親）相抱候時、余油断耳ニ候間、如此致候処、前々ニも不相替、有如在四度計義も於出来者、関東之事者不及申、越国迄之物笑不可疑候、相抱其地、関左是非可達本意所存、於各も無分別候歟、口惜次第候〈省略〉旧冬佐（佐野）城を打明候さへ無念ニ候処、重而其地自然之儀も有之而者、天下之嘲可為此一事候」とあり（「雙玄寺文書」上越五九一）、佐野から撤退した後も関東の情勢を気にかけており、北条氏及び周辺の動向を知らせるよう求めている。続けて、（「傭兵的」出稼ぎである）一騎合之者や佐野から連れてきて沼田城に置いた佐野家中証人らが城外の宿にあると聞いたから、城内に戻した上、以前申付けておいた曲輪に差置く事。お前たちに預け置いた冬の最中にある城地の管理は、無精して武具・馬の手入れを怠っている。（そんな事だから）配下もだらしなくなるのだ。豊前守（河田長親）が在任していた頃は、そんな油断は耳にした事はなかった。こんな状態では関東は申すに及ばず、越後まで物笑いとなる事は間違いない。沼田の地は関東の是非がかかっているというに、何と口惜しい。旧冬、佐野を手放した事でさえ無念というに、この上沼田まで失う羽目になったら天下の笑いものである。――と、城将たちに「感情を叩きつけて」いる。これは愚痴というよりも、境目の支城であり、関東橋頭堡である沼田を失う事は何としても避けねばならないという相当な危機感の噴出であろう。

謙信は生涯独身をとおしたから当然、実子はいなかった。この点でも、北条氏や武田氏と比べると著しく不利だった。婚姻政策で、子供を周辺諸氏に送り込んだり、支城主として活用できない事は不利だと、本人も重々分っていたに相違ない。だから証人＝人質を最大限に利用した。上野沼田城や厩橋城、越後府内・春日山城には、前述の那波氏の他、関東味方中からの証人が、何人もいたと考えられる。武蔵羽生城の菅原為繁（直則）・木戸範秀（元斎（げんさい））、忍城成田氏の若枝丸、下野佐野城の佐野虎房丸・竹沢山城守（定清ヵ）、足利長尾氏の同心とみられる河田九郎三郎、上野沼田衆の沼田平八郎らが挙げられる。謙信の旗本で、後に上杉米沢藩士となった蓼沼氏も出居博氏の御教示によれば、佐野証人の出身だという。御館の乱では、景勝方の佐野清左衛門（佐野虎房丸ヵ）と共に蓼沼藤七が旗持城を守って活躍している（「蓼沼文書」『栃木県史史料編・中世三』　「西澤徳太郎氏所蔵文書」越佐五—六五九）。

これら証人の内、何人かは天正五年（一五七七）末に作成された「（上杉家家中）名字尽（上杉家文書）」上越一三六九」において表面化する。天正五年といえば、謙信にとって同四年（一五七六）から続いた能登侵攻が七尾城・末森城の攻略によってほぼ成就し、九月下旬に七尾城救援を目指した織田軍との間で、最初で最後の合戦となる「加賀湊川の戦い」が展開された年である。謙信はこの時分（天正五年）九月十九（二十ヵ）日付、長尾和泉守宛の書状で「〈上略〉十八、賀州湊川迄取越、数万騎陣取候所ニ、両越（越中・越後）・能之諸軍勢為先勢差遣、謙信（上杉）事も直馬候処ニ、信玄（朱書）「長」、謙信後詰迄聞届候哉、当月廿三夜中ニ令敗北候処ニ、乗押付、千余人討捕、残者共悉河へ追籠候ケル、折節洪水陰（張）故、無瀬、人馬不残押流候、誠如此之万方仕合、年来之信心観喜（歓）迄候〈以下略〉」と述べ、対織田戦の勝利を喜んでいる（「歴代古案」巻一　上越一三四九）。

ここに至るまでの反上杉の神保・一向宗徒、民衆の抵抗は根強く、越中・能登攻略戦は困難を極めた。信長が信玄死後、一年とかからずに浅井・朝倉両氏を滅ぼした事を思うと、その差は歴然としている。これが戦国北国の現実であった。結局、毛利輝元、足利義昭ら反織田陣営が期待したであろう近江進撃及び上洛はおろか、上杉軍北国南下は加賀中央部辺りで止まったのである。

振り返って見るに、信長の軍事力は、本願寺と一向一揆を圧倒、天正三年（一五七五）には「三河長篠の戦い」において武田家惣領となった勝頼を大敗させた。そうなると、武田打倒で一致していた織田・徳川・上杉の同盟も瓦解していく。既に個々、上杉・武田・毛利氏ら戦国大名が総力を挙げた所で、もはや打倒できる相手ではなかった。そこで信玄死後においても反織田包囲網が常に画策されている状況があった。謙信も当然加わっていたが、あくまで反織田の中心は本願寺と毛利氏であり、名目上の盟主は元足利将軍の義昭であった。しかも越相同盟以降、上杉氏と距離をとり始めていた佐竹、宇都宮ら東方の勢力は織田の勢力伸長に賭けて、同氏取次の小笠原貞慶と連絡を取り合っていた(「書簡並證文集」埼九三八　九三九)。

「〈上略〉仍従信長御書拝見、過当至候、自何来春(天正六年)、至于東八州、可為御発向由、御肝要至極候、去春以往、常・野(常陸・下野)両国之諸士、民政(氏)へ被敵候、至于御発向者、速関左可属御手義、無疑候〈以下略〉」とは、信長から直書をもらった梶原政景(太田道誉子)が、(信長が)来春関東へ進発する事を期待して常陸・下野の諸氏は北条氏政に敵対している――そうすれば関八州が(信長の)ものになる事は疑う余地はない、と、織田軍の関東出陣を熱望している。ただ、佐竹、太田氏らが上杉氏と断絶したわけではなく、北条氏打倒に向けて利用できるものは上杉だろうと織田だろうと構わないという、したたかな計算をしているだけの話だ。

(天正六年〔一五七八〕)二月十日付、謙信書状では「仍晴朝(結城)、越山度々催促〈中略〉此上者、到関左越山為可成之、先月従十九日令陣触」として、結城氏ら関東味方中の越山要請に応えて後北条氏との対戦を宣言している(「仁科盛忠氏所蔵文書」埼九四〇)。同文書は宛所が切断されており、古くから研究者の間では太田道誉父子に宛てられたものではないかといわれている。

陣触の「御書」は、河田長親・吉江景資両人を通じて越中国衆にも届けられている。――「〈上略〉近々南方表可被成御進発　御書頂戴、忝奉存候〈中略〉弥可然様御取成奉憑候〈以下略〉」と二月九日付小嶋職鎮書状にはあり、越中派遣軍の景資の下に「御陣触之御書」が届いたのは二月九日午刻とあるから、その日の内に職鎮は応諾の返書を出した事になる（「歴代古案」巻九、十二　上越一三七三一三七五）。職鎮は神保家臣ではあるが、上杉奉行と密につながる事で家中での立場を強め、越中国衆といってよい地位を獲得していたのである。

名字尽には、下間侍従法橋坊（頼純）・七里三河法橋坊（頼周）・坪坂伯耆守・藤丸新介（勝俊）という四名の加賀一向衆が記載されている。いずれも金沢御堂の主流派・旗本である。この頃、彼らは謙信を「御屋形様」と敬称していた（「笹生文書」『加能史料　戦国XVI』二六〇頁他）。確かに湊川を境に北加賀は上杉勢力圏であり、事実上、下間侍従ら金沢坊役者は謙信に服属していた。しかし、上杉氏から知行を給され軍役を奉仕する家臣ではない。敢えていえば、上杉「北国味方中」である。――織田軍の猛攻から逃れ、長年の遺恨を捨てて上杉氏勢力下に入った事を考えると、名字尽は、関東越山用動員名簿というより、越後国内外の、いってみれば立場の異なる軍役衆と北国味方中の仕分け的な性格の名簿である。だから最後の部分に越中の一向宗寺院である瑞泉寺・勝興寺の二者が入っていると考えられる。大体、羽生衆もそうだが、名字尽には、当時上杉氏に従属していた白井長尾氏や赤堀氏といった、上野の国衆が含まれていない。加賀一向衆・寺院の記載を考えると、明らかに整合性がなく、今後解明されるべき課題であろう。

謙信にとって晩年の主眼は北国の平定にあったが、関東にも意を払い、そうした二面性が名字尽には投影されている。この頃、後北条氏の矛先は房総・東方に向けられ、小山氏や里見氏を降して下総北部の結城氏等を圧迫していたから、彼らから越山の要請が度々きていた（直江大和守(景綱)宛里見義弘書状「吉川金蔵氏所蔵文書」上越一三二二　結城左衛門督(晴朝)宛上杉謙信書状「栃木県　相馬俊保氏所蔵」上越一三二七）。然るに能登一国の攻略を目前にして北国平定戦を優先していた為に、里見氏等関東味方中からは恨まれる始末であった。前述の佐竹・太田等、織田軍関東出

赤堀城土塁跡（群馬県伊勢崎市）

上杉・後北条・武田・東方諸氏
の主な城郭と地名(天正五年頃)
※花崎城は羽生城自落後、後北条系城郭として改修されたらしく、発掘調査では障子堀の遺構が検出された。皿尾城については木戸氏以後、確かな史料がなく不明。
※古仲には崖端城が存在するが、関所の機能を持たせたものか。築城期・城主等は不明。
白地図は、「白地図専門店・代表井上恵介氏」制作（県境あり）のものを使用
白河
黒羽
宇都宮
茂木
太田
芳賀
小山
佐野
榎本
結城
水戸
古河
飯沼
多賀谷
小田
関宿
土浦
幸手
花崎
岩付
氷川女体神社
白井
国府台
江戸
大多喜
久留里
館山

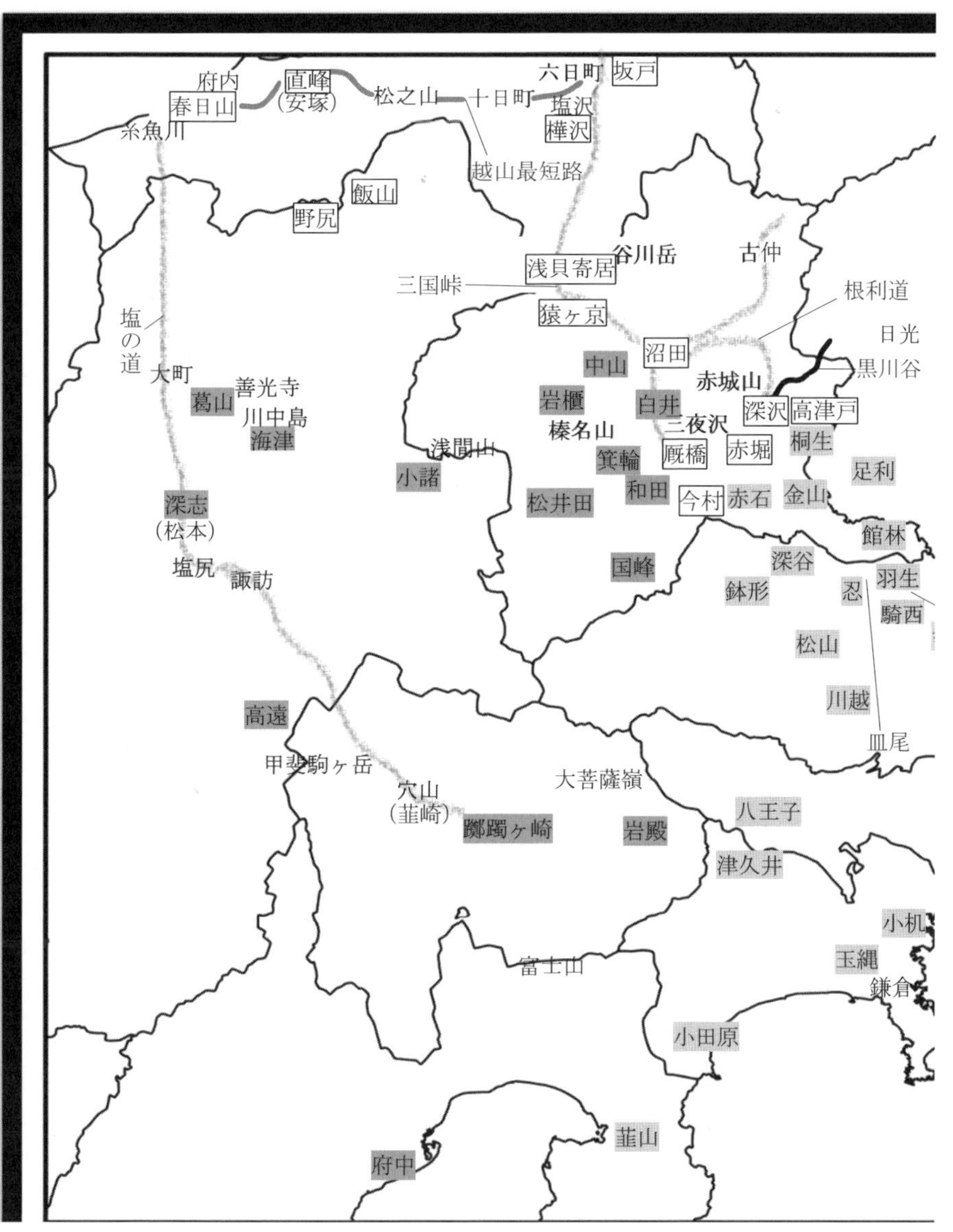
府内
春日山
直峰
(安塚)
松之山
十日町
六日町
坂戸
塩沢
樺沢
糸魚川
越山最短路
飯山
野尻
谷川岳
古仲
浅貝寄居
三国峠
根利道
猿ヶ京
日光
塩の道
沼田
黒川谷
中山
赤城山
大町
善光寺
葛山
岩櫃
白井
深沢
高津戸
川中島
三夜沢
海津
榛名山
浅間山
箕輪
厩橋
赤堀
桐生
足利
小諸
和田
今村
赤石
金山
松井田
深志
(松本)
館林
国峰
深谷
塩尻
諏訪
羽生
鉢形
忍
騎西
松山
川越
高遠
皿尾
甲斐駒ヶ岳
大菩薩嶺
穴山
(韮崎)
八王子
躑躅ヶ崎
岩殿
津久井
小机
富士山
玉縄
鎌倉
小田原
韮山
府中

(上杉家家中) 名字尽　天正五年十二月二十三日

	領主名	在城地	知行地	出自	根拠
上野衆 (11名)	北条安芸守 (高広)	大胡	厩橋 大胡	越後−刈羽郡北条	群2408, 2885
	北条丹後守 (景広)	厩橋	厩橋 棚下	越後−高広嫡子	群2347, 2883
	那波次郎 (駿河守顕宗)	今村或は堀口	広瀬川西岸域	上野−那波氏証人	群2766, 2905 行324
	後藤左京亮 (勝元)	女淵	女淵五郷カ	越後−古志郡栃尾カ	群2755 管窺武鑑
	河田九郎三郎 (備前守)	善	善領内カ	下野−足利長尾氏証人カ	群2116, 3042
	倉賀野左衛門尉 (尚行)	山上カ	不明	上野−倉賀野 幕注文−箕輪衆	群2122, 2760
	河田伯耆守 (重親)	沼田	御覧田 深沢等	近江−河田長親伯父	群2409, 2958 越佐四−405
	大石惣介 (芳綱)	沼田 浅貝寄居	不明	武蔵−元上杉憲政家臣	群2640 管窺武鑑
	竹沢山城守 (定清カ)	沼田	沼田領内	下野−佐野氏証人カ	群2975 上越946 佐野武者記
	上野中務丞 (家成)	沼田	沼田領内 後閑等	越後−魚沼郡波多岐庄	群2436, 2904
	小中彦兵衛尉	名胡桃 の寄居カ	沼田河西カ 黒岩・名胡桃	越後−中郡カ 小中大蔵丞弟	群2331, 2640 越佐四−231

【備考】

表題「名字尽(題簽)」は、越中の一向宗寺院も含めて、上野・越後・越中・能登・加賀の諸将を合わせて、81名の記載がある。ここでは、上野在国衆のみを取り上げている。

陣の要請は、いわば上杉氏に対する「もどかしさの表れ」であった。謙信の（最後となった）関東陣触は、房総・東方味方中が抱く上杉への不信感を払拭すると同時に、「北国平定」の軍事力を以って後北条氏の東方進撃を打ち砕く重要な意味を持っていたのである。

一　那波次郎

「名字尽」の先頭は、前述のとおり、越後中越地方出身の大豪族で上野厩橋及び大胡領を支配した北条高広・景広父子である。「自力救済」の精神を発揮して、上杉代官とは名ばかりの地で苦労を重ねながら三夜沢赤城神社、厩橋八幡宮や善勝寺といった領内社寺、配下の地衆に対して所領安堵・宛行や諸役を免除したりして在地の把握に努め、あるいは越後に関東の状況を報告したりしながら、何度も武田氏との停戦を模索していた[4]。那波・後藤らと共に関東における上杉氏の最前線に位置して常時、新田・足利等の敵勢と臨戦状態にあったからである。

那波次郎顕宗は、厩橋北条氏とは同じ毛利一族であり、黒田基樹氏によれば、高広の娘を娶っていたという（「那波氏の研究」『増補改訂戦国大名と外様国衆』所収　戎光祥出版）。永禄三年（一五六〇）に本拠地の那波城が攻略された後、次郎顕宗は上杉氏への証人として長らく越後に在国したが、謙信の証人戦略で、上杉の関東国衆として故国に返り咲き、天正二年（一五七四）、最後の羽生・関宿城攻防戦の最中、新田向に取立てられた今村城の城主としてあった。しかし、羽生城破却後の同年閏十一月二十日の日付で謙信が芦名氏に宛てた書状中、「羽生之者共於、則向新田構城郭可差置候[5]」と述べている事から、今村城は最初、おそらく生き残った羽生城将の菅原・木戸氏に与えられたのではあるまいか。現に、菅原氏に宛てた同年四月十六日付の書状中、謙信は「向赤石、號今村与地取立候、可心安候」と言って、同人を励ましている（「歴代古案」群二七六六）。

当時の書状において、謙信自身が、新田向いに城郭を構えて羽生の者共を置いたといっている以上、やはり「旧城郭」が突貫工事で再興された、と見るべきではないか。天正二年に攻略の対象となった山上城や善城は既に存在（機能）している城郭であり、新田（由良領赤石城）向いの今村城を取立てて、取り敢えず羽生衆を配置した。という流れである。

然るに、今村城、近隣の堀口城が位置する広瀬川西岸域は元々那波氏本貫の地である事から、顕宗から「申入れ」があった可能性もある。しかも、当時の菅原・木戸氏は多くの家臣・同心を失っており、強大な由良氏の赤石城向いにおいて、単独で軍事行動を起こせるだけの力は無かったと思われる。――同心だった玉井氏は成田氏長に従い、嶋田氏は後に佐野氏に従っている[6]。羽生城末期、木戸忠朝は（天正二年）四月七日付、嶋田山城守宛官途状（「嶋田家文書」埼叢四三五）を出しているが、これが現在確認し得る本人が発給した最後の史料となる。羽生城の中心であった忠朝が当時も健在で、新田向いの上杉属城に移ったとは考えにくいのである。――以上の事から天正三年（一五七五）以降、那波宗俊の遺児である顕宗が菅原・木戸氏に代わって今村城主となった、と見なしてもよいのではないか。

次郎顕宗の当地における活動が散見されるのは、黒田基樹氏によれば、今のところ天正五年（一五七七）からであるという（前掲『戦国大名と外様国衆』二三七頁他）。顕宗は、堀口（那波）城を含む「川辺五郷」等の広瀬川西岸域を支配し、隣接する姻戚の厩橋北条氏と軍事行動を共にしていた。この後も武田・織田服属を経て、豊臣秀吉の小田原城攻めによる後北条氏降伏まで同氏に属し、他国衆としてよく今村城を維持した。[7] 天正十八年（一五九〇）の小田原合戦後は上杉景勝に仕えたが、同年に起きた出羽国仙北一揆平定戦において激戦の中で戦死を遂げたという（『群馬県史　通史編3　中世』735頁）。

那波顕宗の拠った今村城跡
（群馬県伊勢崎市）

二　羽生衆の動向

羽生城が破却されてのち、菅原・木戸氏の確かな足跡は、最後の同城主であった木戸忠朝の次男で上杉景勝の家臣となった木戸休波（元斎）以外は、史料の制約上、ほとんどといってよいほど詳らかにされていない。いや羽生城及び城主広田・木戸氏の歴史そのものがいわば大半、「不明」なのである。

永禄三年（一五六〇）の謙信越山以来、最後まで上杉氏に属した広田出雲守直繁・木戸伊豆守忠朝は兄弟であった。羽生城研究の第一人者でいらっしゃった冨田勝治氏によれば、羽生城木戸氏の系統は古河公方奉公衆であったという。また、「享徳の乱」の頃、江戸城にあって太田氏の客将であり、道灌を支えた木戸三河守孝範は兄弟の曽祖父（祖母の父）であるという（『羽生城―上杉謙信の属城―』冨田勝治著　第一法規出版株式会社　平成四年）。これまでにも度々掲げてきた『赤城神社年代記録』によれば、享禄三年（一五三〇）の項に「公方春（晴）氏小山為対治（退）御発向　五月中旬一戦也　公方衆悉討死百三卅人木戸兵部〈以下略〉」とある。こちらの家系は羽生広田・木戸兄弟の曽祖父、つまり木戸孝範の本家筋ではないだろうか(8)。

永禄九年（一五六六）に広田・木戸兄弟が制札を下した羽生領中心部にある正覚院は、古河公方足利晴氏が十一月二十七日の日付で「為当陣之祈祷、目録幷茶到来、目出度候」と述べて、戦勝祈願の礼状を送っている事から、当地は晴氏の祈願所の一つであったと見てよいだろう。この礼状は年未詳とされているが、『鎌倉九代後記』によれば天文十四年（一五四五）、上杉憲政の要請を受けて晴氏が「十月廿七日、川越へ出馬アリテ、城ノ通路ヲ塞キ翌年迄在陣ス」とある（埼記録2　307頁）。日付もつじつまが合う事から、礼状は北条氏康が両上杉・古河公方足利晴氏連合軍を破った、いわゆる「川越合戦」の頃出されたものだろう。

川越合戦に先立つ事十年、武蔵太田庄小松末社に「天文五年丙申五月吉日　願主両人忠朝直繁」の銘が入った「三宝荒神」が奉納されたという（現在は小田原市安楽寺にある）。この辺りの事情は、富田勝治氏の『羽生城』及び『羽生市史　上巻』等において詳しく論述されている。天文五年（一五三六）といえば、謙信はまだ虎千代の名で七歳だった頃になるから、広田・木戸兄弟は謙信よりも一回り近く歳が上だったと思われる。同年の奉納は忠朝の元服を記念したものであったかも知れない。

彼ら兄弟が頼みの綱とした前古河公方晴氏は、謙信越山の年、永禄三年五月二十三日、関宿において死去。久喜甘棠院に葬られた。氏康の父、北条氏綱の孫にあたる義氏が、異母兄藤氏を廃嫡させて古河公方となっていた。

推察するに、古河公方奉公衆の反主流派[9]であったと考えられる広田・木戸兄弟は、謙信越山を機に後北条権力の傀儡といえる足利義氏と決別して、長尾上杉氏の軍事力を後ろ盾として北武蔵に新たな自己の勢力圏を打ち立てようとした。――先祖伝来の在地に根を張った土豪的国衆と違い、麦秋薫る太田の庄羽生に自立の領主権力を目指した彼らの戦いは謙信が奉じた「中世的秩序」に忠実に寄り添う形で、花開いたといってよい。

ちなみに足利義氏の代、近臣としては舞木氏が没落した後、歌人としても名高い一色直朝（月庵）・義直父子、芳春院周興が有名である。他に一色氏と並んで古くからの直臣である高氏・小笠原氏・

野田氏等の存在がある。しかし、一色氏の系統も一枚岩というわけではなく、永禄四年の越・関小田原攻めに参加した一色河内守という「反主流派」もいた。同氏は「関東幕注文―古河衆」として記載されている。同じく古河衆に二階堂次郎とあり、こちらも足利直臣の系統だろう。越相同盟成立の時期である永禄十二年（一五六九）十月二十一日付で、月庵（一色直朝）は「同名河内守一跡之事幷東大輪郷（北葛飾郡鷲宮町）」を公方祈願所である鎌倉の月輪院（がちりんいん）に寄進している（「寺院証文」一埼叢三七五）。

直朝は終始義氏に従い、小田原攻めにより、謙信に関宿城を逐われた義氏に付き添い鎌倉等にいた。越相同盟成立により、ようやく彼ら主従は古河・幸手という本拠地に戻る事が出来た。月輪院への寄進はその頃のものである。

野与党から出た岩付渋江氏（景胤）も羽生についた同平六郎の系統以外は義氏に従っていた（「足利義氏感状写」〔記録御用所本「古文書」十二〕埼叢二二六）。『寛政重修諸家譜』によれば、景胤の孫にあたる氏胤の項に「母は岩崎氏の女」とある（第十〔巻第五百八十七〕―四六頁）。「関東幕注文」の羽生之衆に渋江平六郎の隣に記される岩崎源三郎の血族ではないだろうか。もしもそうであれば、羽生衆岩崎氏も元々は古河公方奉公衆に連なっていたと思われる。時代は下って、天正十七年（一五八九）五月、巻島主水助に宛てた「一色義直朱印状」に登場する奉行人の一人、岩崎修理亮も羽生衆岩崎氏の関係者かも知れない（「巻島文書」埼叢八七二）。

では、謙信に最後まで従った木戸氏（当時は河田谷氏）の戦いぶりを見ていく事とする。

河田谷忠朝書状〔上杉家文書〕『行』219

御書拝領、過分之至、畏入奉存候、然者、以御条目被仰出之条々、奉得其意候、仍信州御調儀之段、被仰出候、目出度肝要ニ奉存候、於当口（皿尾城カ）両度得勝利候之上、弥以成田押詰可申候、此等之旨可預御披露候、恐々謹言、

（木戸）河田谷右衛門大夫

六月二日　　　　忠朝（花押）

林平右衛門尉殿

信州御調儀に向けての御書は拝見いたしました。有り難くこの度の御役目、頂戴致します。ところで、我ら当口（皿尾城カ）において成田と二度戦いに及び、勝利致しました。この事実を（屋形様に）御披露していただきたいと存じます。といった内容である。これは、当時上杉氏取次の一人であった謙信側近の林氏に宛てたもので、文中の「信州御調儀」とは謙信の永禄七年（一五六四）川中島出陣の事を指している。皿尾城は元々は成田氏忍城の出城だったと思われるが、同氏の離反に伴い、上杉氏が奪取して木戸氏に守らせていたものであろう。忍城に対して一から向城を築くのは、あまりにも距離が近すぎて危険すぎよう。

書状の発給年は、『行田市史』では永禄五年（一五六二）に比定、『上越市史』、『埼玉県史』等では年未詳となっている。木戸忠朝が河田谷氏を称していた頃のもので、冨田勝治氏もおっしゃっていたが、岩付太田氏との関係が想起されよう。永禄五、六年は謙信の川中島出陣は、なかった。よって先の河田谷忠朝書状は永禄七年に比定が可能である。
（埼玉県桶川市）

特に同六年（一五六三）は上杉方の武蔵松山城が前年から北条・武田連合軍に攻められて落城している。上杉軍の後詰は間に合わず、謙信は腹いせに成田長泰の実弟小田氏の騎西城を焼き打ちした事は、Ⅱ章で見たとおりである。ではなぜ、少なくとも永禄七年当時は羽生・忍は味方同士だった筈だが、二度の合戦に及んだのか。――それは忍領に突出していた（当時羽生領）皿尾城の存在だったと考えられる。要は謙信が両氏の利害関係をバランスよく調整出来なかった事にある。つまりは降伏した成田氏を信用していなかったという事だ。

更に先の年次比定には、一つ重要な書状がある（『上越市史』、『群馬県史』等において永禄七年に比定されている）。

倉賀野直行書状〔伊佐早文書〕『上越』四一一

以御使節　御書謹而拝見仕候、抑至于信州可被出御馬之（御出馬カ）
段、被仰出候、簡要至極奉存候、就之、以御条目被仰出候条々、具承届奉存其旨、乍恐以書付申上候、御調儀之上、氏康(北条)至于出張者、御味方中致談合、無二可走廻候、委曲以林平右衛門尉中上候、此旨宜預御披露候、恐々謹言、

倉賀野左衛門尉五郎

六月十四日　　　直行（花押）

河田豊前守(長親)殿

永禄七年（一五六四）は、上杉氏は西上州境目の和田城攻めに失敗、倉賀野城も武田軍の攻撃により落城してしまう（「多野郡　富田文書」群二二四六　「東京都　反町英作氏所蔵」上越四一七）。倉賀野氏は上昇機運に乗っていた河田谷氏とは対照的に、上杉氏の信州出陣について味方中に示された条目【西上野への出陣】は「不承不承」承知したものの、（その為には北条氏康の出陣を何とかして欲しいと）強い危機感を抱いているような様子が窺える。

焦燥感を強めていた謙信は武田に奪われた西上州上杉分国の諸城奪還を意図して、同年七月二十九日に川中島へ進陣した。これに先立ち、白井長尾・太田・広田・木戸（河田谷）・倉賀野・富岡氏等の関東味方中に大動員をかけ、厩橋の越将北条高広を先頭に西上州への出陣を命じていた。この時、岩付城の太田道誉は「御書畏而致拝見候〈中略〉信州之様躰、如何候哉、是以承度存候、委細之段者、

先陣早々可申入候」と、張り切って河田長親に書を送り、味方中の先陣を希望している(「歴代古案」巻一　上越四二〇)。前年の松山城落城の恥辱をそそがんとする思いもあったのだろう。

富岡重朝には七月二十三日付の書状で、「〈上略〉厩橋へ早速相移、北条丹後守幷西上州各相談、小幡谷、安中口へ深々与動簡要候、彼筋之人数悉信州へ可打越候、諸要害留守中無疑候条、今般敵城其擬専一候、乍何之稼此時候〈以下略〉」と、述べている(「群馬県立歴史博物館所蔵」上越四二三)。――(上杉が川中島へ出陣すれば、)武田は西上州の小幡・安中等の軍役衆にも悉く動員をかけて川中島へ向かうだろうから、敵の諸要害が留守となった頃が稼ぎ時だ――と、自信有り気であった。

ところが、謙信が富岡氏宛書状をしたためた同日、かねてから後北条氏に通じていた道誉の嫡男・太田氏資(北条氏政妹婿)が岩付城を占拠、実父である道誉と異母兄弟の梶原政景を追放してしまったのである(「謙信公御書」三　上越四二九他)。岩付衆は上杉にとって成田氏を凌ぐ武蔵最大の与党であったから、謙信が描いていた西上州諸城奪還の戦略は失敗に終わる結果となった。

広田・木戸氏は太田氏の後詰が得られなくなり、逆に岩付城の向城として花崎城(埼玉県加須市)を取立てる事になった(「並木淳氏所蔵文書」埼叢四三七)。忠朝が「河田谷」から「木戸」に名字を変えた時期もこの頃である。結局、謙信にとって最後となった川中島出陣は、対戦しても利がないとわかっていた武田軍を捕捉する事は出来なかった。帰国途中、飯山城の普請を完成させた事が唯一の成果だった(「上杉定勝古案集」上越四三六)。

実は、ここから広田・木戸氏の上杉系国衆の道が切り拓かれたといっても過言ではない。永禄九年（一五六六）三月の下総臼井城攻めの敗退以降も、広田・木戸は反北条を貫き上杉陣営に留まっていた。「世間如此成行候、不相替河南有一人、励忠信儀、輝虎一世中不可忘之候」とは、永禄十一年（一五六八）と思われる一月十日付で謙信が広田直繁に送った書状中に見える「称賛の言葉」だ。（省略したが）北条氏政の佐野攻略の失敗を挙げたあと――世間が（北条になびく）成行きにもかかわらず（利根）河南にあり、ただ一人忠信を励んでくれる義を、輝虎は生涯忘れない――と述べている（「歴代古案」一　埼五一二）。永禄十一年といえば、前述のとおり謙信が生涯の内で最も苦しかった時期である……。

羽生城支城の花崎城跡
(「埼玉県加須市)

越相同盟の頃、羽生の広田・木戸氏は全盛期を迎えた。謙信は永禄十三年（一五七〇）二月二十八日付で、直繁に宛て「今度令越山、向佐城（栃木県佐野市）へ出馬候処ニ、同日ニ馳来、殊ニ川辺江打上候時も、被届来候事、先忠・当忠共ニ無比類神妙候、依之、館林城・知行共出置候、併佐野領・足利領除之、扨又、越府迄使成之、令辛労候間、館林領之内羽根田（佐野市）之郷・飯富之郷、佐藤筑前守・子安壱岐守ニ出置候也〈以下略〉」として、永禄五年（一五六二）に足利長尾氏に預け置いた館林城と知行地を与える内容等の宛行状を出している（「謙信公御書」二　上越八八五）。

見方によっては広田・木戸氏の上杉譜代化を図り、沼田城・厩橋城に次ぐ、上野における「上杉支城在番制の展開」ともとれる措置である。東上野と北武蔵を結ぶ要衝の地である館林を信頼のおける広田氏に預け、小山・宇都宮・佐竹といった東方勢との連絡路にあたる佐野を再拠点化する事も含めて、武田氏のみならず当時、同盟交渉を進めていた後北条氏に対しても優位性を確保する狙いがあった。

さて、越府まで使者として赴いた佐藤筑前守・子安壱岐守には、それぞれ羽根田・飯富の地を与えるとしているが、謙信自身が館林の各給人領の詳細まで把握していたとは考えにくいから、「望みに任せて」の形であったのではないか。佐藤筑前守が羽根田郷を望んだとすれば、佐野氏との関係があったからではあるまいか。同地は渡良瀬川北向う佐野領の真っ只中にあるからだ。同氏が佐野家中であった可能性すらある。飯富郷は特定できないが、『喜連川家料所記』中、榎本領之内（栃木市）に「上飯富郷」とある（埼記録2　663頁）。

直繁は館林城将として具体的な領域支配を担う前に死去したらしい。当時の一次史料で直繁死去が確認できるものは今のところ世に出ていないが、以降の消息は不明である。冨田勝治氏によれば、館林領土橋の善長寺において前館林城主長尾顕長によって謀殺されたという（『羽生城―上杉謙信の属城―』―96頁）。元亀二年（一五七一）末には越相同盟が破棄され、再び忠朝以下、羽生衆の苦難の歴史が始まるのである。

敢えて述べる。――成人の大半を軍旅と戦場の内に費やした武人謙信は、能登攻略の翌年、関東越山を目前にして倒れ、春日山城内の屋敷で息を引き取った。武田信玄は三河野田城攻略直後に重体となり、甲斐国に引き揚げる途中、信濃の駒場という場所で息を引き取った。慢性の肺疾患であったという。病んだ体で戦い続けていたのだ。戦争は配下の重臣・兵卒に任せて極端に出陣回数の少なかった、同世代の大友宗麟や朝倉義景などといった大名もいた。しかし恵まれていたかに見えた朝倉義景は織田軍の猛攻を受けて悲惨な最期を遂げている。それから……常に飢餓と戦乱に苦しみ続けていた圧倒的多数の民衆がいた。

何と人の世は不可解で、理不尽な事か……。社経史的考察で何がわかるのだろう、文学や芸術で癒せるものだろうか。

それでも、広田直繁の最期と長尾顕長の場合を比べて、ついつい自身考え込んでしまう事がある。顕長は天正十八年（一五九〇）、小田原合戦における後北条氏降伏後は浪人して、常陸国牛久（茨城県牛久市）に移った兄の由良国繁を頼った。同氏死後、牛久領は没収されて、晩年は足利で過ごしている。

以前、羽生史談会で、顕長の菩提寺である足利市内の長林寺を訪れた事があったが、木立の中、代々の墓と共に家臣らが建立したという立派な墓塔があった。一方で、直繁ら主従は墓所すら定かではない。

天正二年（一五七四）閏十一月の羽生城破却後、（一部ではあろうが）城兵たちが上野に移った頃の話である――。

当時、後藤勝元の配下で上野女淵の地衆であったと思われる北爪右馬助の軍功書によれば、「ゑんごく（遠国【越後】）よりは□□□（にう〔にゃう〕）（羽生）殿御引取被成候時、い、の（飯野）（邑楽郡板倉町）入小屋之衆こと〳〵くおし候て、人つき申候時、やかた様御ちしん五藤か衆をめしつられ、御かへし被成候時、御かんせん（眼前）ニてさいはいもちこち、くひ取申候〈以下略〉（【　】内、筆者付記）」とある（「岩手県　南部文書」群三六九二）。つまり、越後勢が羽生殿を引取り、（利根川対岸の）飯野城下まで来た際、寄居の敵勢が悉く押し寄せて争乱となった。そこで屋形様（謙信）自身が、取って返し（旦那である）後藤の手勢を率いて陣頭指揮を執った。そういったところだろう。当時の飯野城は、関東幕注文中の足利衆に名を連ねた淵名氏の城であった。元々は関東管領上杉氏の家宰であった足利長尾氏が鎌倉から北武蔵を経て上野に入り、更には下野足利に至る過程で服属させていった地域領主群の一人である。当時も、淵名氏は館林城主の長尾顕長に属していた。謙信としては、飯野城に羽生衆を入れようとする意図があったのかも知れないが、今の所そうした事実を証明する史料はない。

羽生城主であった広田・木戸兄弟それぞれの子である菅原為繁・木戸元斎の名は、見てのとおり「名字尽」には記載されていない。永禄三年（一五六〇）の越山以来、上杉方国衆の中で最も謙信の信頼が厚く、倉賀野氏と並んで一度たりとも上杉に叛く事がなかったにもかかわらず――である。考えられるのは両人が当時、越後にいたか、上野の越将である厩橋北条氏か女淵の後藤氏の元にいたか、あるいは上杉氏から離反したか、といった可能性である。

天正三年（一五七五）以降のものと思われる、菅原左衛門佐（為繁）に宛てた謙信書状中には、「長々在府候ニ、別而不加入魂無心元候」という文言があり、日付が五月十二日となっている。これと、ほぼ同内容、同日付で上杉景勝の名で出された書状もある。長尾喜平次顕景が上杉景勝を名乗るのは、謙信が同人に、上杉弾正少弼の官途と景勝の名を与えた「（天正三年）正月拾一日」からという（『上越』一二四一　一二四二号と二通の書状がある）。ただ、新潟県史では原典の『上杉家文書』にあるその筆跡から、二通とも「景勝の自筆」としている。これに従うと、史料上は、景勝の初名乗りが認められるのは天正三年二月九日の軍役指出から、という事になる（「吉江文書」上越一二四四）。

何れにせよ羽生城を失った菅原為繁は、上野城将を経て、天正三年あるいは四年（一五七六）の春頃までは越後にいた可能性がある。問題はその後である。羽生城研究の第一人者であった冨田勝治氏は、『前橋風土記』の記事から木戸玄（元）斎は膳（善）城、菅原為繁は山上城にいたのではないかと推測されていた。

かなり以前になるが、筆者が二十代の頃、山上城址を訪れて土地の古老の方に尋ねたところ、羽生からきた武将がいたという話は聞いた事がないとおっしゃっていた。但し、倉賀野尚行もそうだが在城した期間が短く、地元には「伝説」として残らなかった可能性もあろう。

木戸氏については、冨田勝治氏がおっしゃっていたように城主の木戸伊豆守忠朝は、天正二年（一五七四）閏十一月の羽生城破却以降、記録が途絶えてしまっているから、その前後に死去していた可能性がある。嫡子の右衛門大夫重朝も、同様に考えられてきたが、生き延びていた可能性が全くないわけではない。この事は、別稿の「付録」に掲げた天徳寺宝衍（てんとくじほうえん）の書状――の箇所で解説をしたい。

柴裕之氏の『戦国史研究』第七五号における巻頭論文「織田・上杉開戦への過程と展開」によれば、同四、五頁にかけて謙信の越中出陣について、問題としたい『上越市史別編1』収録史料の「一二六六号」と「一二六七号」の年次比定が論述されている。同市史では二つとも天正三年（一五七五）カとしている。柴裕之氏も、一二六六号と同じ「八月廿二日」付で厩橋城の北条高広・景広父子に宛てられた謙信書状（一二六七号）から「北条高広が安芸守、同景広が丹後守の受領名でみえる」として、前記の両号は上越市史の年次比定通り、「天正三年のものである」と結論された。筆者は、両号とも天正二年とする見解である。

源昌院南側のハス田から羽生城方面を望む。付近の埼玉県羽生市稲子地区には木戸忠朝自刃の伝説が残る。

上杉謙信書状〔謙信公御書一〕『上越』一二六六

就越中江出馬、能使大慶候、越中悉一変、賀国迄放火、内々暫賀ニ可立馬候処、賀州之者共悃望之旨候間、為越山与云、旁々昨日至于春日山納馬候、此人数為不散、越山成之、旁々進退ヲも可工夫候、譜代之者共をも被集置尤ニ候、万吉重而可申候、恐々謹言、

追而、越中敵地落居之注文差越候、以上、

八月廿二日　　　　謙信御居判

木戸伊豆守（忠朝）殿

同　右衛門大夫（重朝）殿

菅原左衛門佐（為繁）殿

上杉謙信書状〔群馬県（影写本 奈良原文書）個人蔵〕『上越』一二六七

□中□越候、飛脚疾ニも可返処、帰陣為見届可返由
□□而相留候、仍越中者不及申、賀州国中迄放□□越中
速納手裡、昨廿一至春日山帰馬候、此勢□押付可
越山覚悟候、少も延引有間敷候間、□易候、精面（群二八八一では精両）之
時分可申候条、早々、謹言、

□今度敵地
□義遣之候、
□立馬
□悃望申
□納馬候、
□脚力
□可被
□而
□以上、

八月廿二日　　謙信（花押a）

北条丹後守（景広）殿
北条安芸守（高広）殿

一二六六号の史料は、謙信が越中を「制圧」、加賀にまで進出した勢いをもって春日山城に納馬した翌日、関東（越山）に向かったと、とれる表現である。木戸忠朝以下羽生城将には、各々の進退をかけ譜代の者を集め戦支度をするようにとある。羽生城攻防戦が最終段階を迎えようとする局面にもとれよう。筆者が知る限り、現時点において同号の史料――「上杉謙信書状」は、木戸伊豆守忠朝以下羽生城将三名宛に出された最後の書状となる。繰り返すが、以降、忠朝の消息は一切不明である。

なお厩橋北条氏宛にも記される「賀国迄放火」とは、八月七日付で謙信が吉江織部夫妻に宛てた書状にある、加賀朝日山城（石川県金沢市）攻めの事を示していると考えられる（「山形大学附属図書館所蔵」上越一一六八）。この書状の年次は、同市史や『越佐史料五』―一八八では天正元年（一五七三）に比定されているが、筆者は『新潟県史』・『加能史料』の見解となる天正二年（一五七四）をとりたい。

木戸氏羽生城末期の天正元年から同二年にかけて、謙信が同氏ら羽生城将に出した書状は十二通ある。[10]内、忠朝の宛名があるのは七通であり、全て菅原らを含む連名の宛名である。菅原単独宛では、天正三年（一五七五）と年未詳のものを除いて四通が出されている。他の一通は当時羽生の同心であった玉井豊前守宛である。こうした事情を踏まえると、当時、忠朝は老齢か病の為、指揮を執る事が難しくなっており、代わりに忠朝の兄、亡き広田直繁の嫡子である菅原左衛門佐が先頭に立って動いていたと思われる。

謙信が芦名氏に宛てた書状では、羽生城を越後勢が破却して、自身が上野厩橋城に帰馬したのは天正二年閏十一月十九日の事であるという。前出の箇所もあるが、関係部分を取り出してみる――「〈上略〉羽生之地、謙信守手前ハ、内々雖為可申付由〈省略〉第一浅地自味方百里内無之候条〈省略〉徒ニ可為滅亡儀不便候間、従類千余人引取、羽生之地者越衆諸勢申付令破却、十九日至于当厩橋城、先令帰馬候、羽生之者共於、則向新田構城郭可差置候〈以下略〉」。如何にも無念に満ちた内容である。越中在陣の頃から、敵地に孤立し、兵力的にも劣る羽生城は放棄せざるを得ないと考えていたのではないだろうか。忠朝の「死去」により、最終的に羽生城放棄の決断が下された可能性も否定できない。同時期に、上杉・佐竹ら東方の後詰が全く機能せず（というか出来なかった）簗田氏の関宿城が、後北条氏の手に落ちている。佐竹・宇都宮氏は諦めて後北条氏と和睦して帰陣してしまったようである（「由良文書」群二八〇八　二八〇九）。

柴裕之氏らの考察どおり一二六六号が天正三年（一五七五）のものだとすると、羽生放棄後半年以上も経って、今更「旁々進退ヲも可工夫候、譜代之者共をも被集置尤ニ候」とは何なのか理解に苦しむ……。籠城戦の為のいくさ支度ならわかるが。木戸忠朝も存命で上野の上杉支城（新田向い）に配置されたのであれば、芦名氏宛書状中の「従類千余人を引取り」云々という表現もおかしいのではないか。「城主木戸伊豆守をはじめ……」と記すのが当然ではないだろうか。他大名宛ての（外交上の効果を狙う）文書であれば尚更である。

厩橋北条氏の家督交代は、天正二年（一五七四）七月下旬から八月上旬位にかけてと考えられる。

受領名の変更もほぼ同時期であろう。直接の理由は、同年七月十五日から下旬にかけての北条氏政・氏照による厩橋・大胡領の焼き打ちではないだろうか（「名古屋大学文学部所蔵文書」埼叢四四一）。八月十二日付、北条氏照から芦名氏に出された書状（同四四一）には「当秋之動、由良信濃守懇望候、去十五日出張、十余日在陣、大胡・厩橋領無所残成于墟（くろつち）、被納馬候、近日重而当口可為出張候」とある。外交上の誇張はあろうが、羽生を除けば上杉氏の最前線である厩橋・大胡領が広く焦土になった模様と思われる。謙信が越中帰陣後、兵馬を休ませずに越山を急いだのは、おそらくは後北条勢の連続した厩橋・大胡領侵攻に強く危機感を募らせたからである。

厩橋北条氏の家督交代については、『石川忠総留書』に興味深い記事が見られる。——武田信玄（天正元年死去）が厩橋城を乗っ取る為に忍びの者三百人を使い（大竹をはしごに仕立てて）夜の城内に侵入させ、鯢波（げいは）（鬨の声）を挙げさせた。その夜は、本城ノ内にある天神山の謙信祈願所座敷において僧侶百人を集めて「御日待」祈願の最中であった。祈願所の天井は槍を多数隠した仕込み天井で、鬨の声を聞いて、御日待に参列していた武士たちが一斉に天井の槍を「引き落とし」、手に手に槍を持って敵に襲いかかったという。結果、武田の寄せ手（忍びの者）は、一人残らず討ち取られたという。しかし、油断して敵の侵入を許してしまった——史料中にある「竿竹ニテ、カラリカラリハ、タケハシゴヲカケテ人数ヲ入れる可謀りナリ」（原文一部改め）を見抜けなかった責任を取り、「厩橋ハ岡丹後守殿へ渡シ、安芸守殿ハ大胡城へ隠退シテ被居候ナリ」とある（群三六九八　内閣文庫蔵）。

内容は荒唐無稽だが、北条を武田に置き換えて「家督交代劇」を象徴化している。これと一部共通するものが見られる史料が、『上越市史別編1』の一一八九号である（本号は検討を要する。とある）。

上杉謙信朱印状〔謙信公御書集巻十二〕

今度惣領北條安芸守、於上州表、向高天神備相立候節、

敵夜中及働候処、不洩討捕候事、神妙之至感入候者也、

天正二年三月五日　御朱印（上杉謙信）

北條長門守殿

当時の史料とは思えないが、敵の攻撃を撃退して「惣領が代替り」した、ように見受けられる（文頭にわざわざ、今度惣領とある）。しかも天神山が出てくる事から、厩橋城が夜討ちにみまわれた際、何か祈願をしていたか。やはり、「暗示的」な内容のような気がする。何か元になる史料があったのではないだろうか。

『赤城神社年代記録』によれば、天正二年（一五七四）の項には「二甲戌八月九日霜降五穀不熟而一本モ三夜沢家内二不入」とある。つまり後北条勢が厩橋・大胡領に大攻勢をかけた時分、天正二年の秋（少なくとも上野赤城山南麓一帯）は、冷害の為、大凶作となったようである。当然、喫緊の課題として他の領主・民衆もそうだが、厩橋北条氏も領内安泰・五穀豊穣を希求して神仏に祈願した事だろう。『上越』一二六七号中の「精面」之時分という文言が、『群』二八八一号の見解どおり

「精両（堅精両明神カ）」であったとしたら、或は「精雨」であったとしたなら、「神仏祈願の儀式」をいっているのではないだろうか。同書状の所蔵が三夜沢赤城神社神主宅であるから、尚更である。（堅精両明神とは蛇神【堅義明神と精義明神】であり、水の神様である。旧暦九月三日に、高野山の僧侶たちによる行事あり）

以上の事柄を整理すると、北条高広の「国遷」――丹後守から安芸守へ、及び同景広の丹後守受領後の初見史料は、『上越市史別編1』の一二六七号と考えられ、年次は同一二六六号と同じく天正二年と考えられる。

となると、次に示す同一二七七号史料は、文章の内容から見て『新潟県史』等と同じ見解になる天正二年のものと考えられる。

上杉謙信書状〔福島県　円蔵寺所蔵文書〕

初秋至于越中出馬、彼国之義者不及申、賀州迄令放火納馬、
翌日関東江越山、敵城数ヶ所攻落、其上味方中仕置堅固ニ
申付、帰馬候、関東備之模様被聞届候、定而可為大慶候、
然者為音信紅燭百挺給之候、本望候、扨亦見合候間、巻物
壱ッ進之候、猶万吉重而、恐々謹言、
極月十五日　　謙信（花押a）

○宛所欠

宛名は切断されているようだが、後半の内容からして会津芦名領の円蔵寺に宛てたものだろう。同寺は臨済宗妙心寺派で本尊の虚空蔵菩薩が有名であり、謙信は以前から懇意にしていた。永禄七年（一五六四）と思われる、芦名氏に対して秋口の「信州調儀」（川中島出陣）に向けて後詰の援軍を依頼した「上杉輝虎書状」がある（「円蔵寺所蔵文書」新三七二三）。芦名氏取次の松本伊豆守に宛てたものだが、同寺が所蔵している関係から見て謙信が斡旋を頼んだか、越後使者吉田美濃守と会津側との会見場所になったものか。先例として永禄四年（一五六一）の川中島会戦では、芦名氏は謙信の要請を受け入れて援軍をはるばる越後西端に派遣している。

文中、「関東備之模様被聞届候、定而可為大慶候」とある事から、当時、懸案事項となっていた「会津・白川・佐竹一和[11]」が謙信の肝煎で具体化し、（取り敢えずだが）会津の地が兵火を免れるよう期待して、（祈念を込めた）紅燭百挺を越後に送ったと見える。

佐竹氏は後北条氏と戦う一方で、南陸奥にも進出して同地方の白河結城氏等を圧迫して、危機感を強めた芦名氏とも対立していた。謙信としては、阿賀北（下越地方）と境を接する芦名氏を何としても友好勢力として繋ぎ止める必要があった。

もはや後北条氏と直接対決する力も余裕もない上杉氏としては、対後北条の関東口を固めた上で、越中・能登・加賀といった北陸圏に領国を拡大せねば「領主間の連合権力」盟主から転落しかねないという危機意識があった。天正二年（一五七四）末、関宿・羽生両城の没落により以降の謙信越山は、上杉領東上野と、後北条氏の他国衆である由良・足利（館林）長尾領国との「国境紛争」の様相を呈した。

既に、謙信に代わって「東方の盟主」として存在感を強めていた佐竹義重をどう扱うか——この事が、加賀一向一揆の扱いと並んで、当時謙信の頭を悩ませる問題であった。

前出の（天正二年）閏十一月二十日付の芦名氏宛謙信書状（越佐五—二七四）では、関宿城後詰の件に絡み「義重は若く謙信の意見は聞かず、家中の者共の表裏は筆頭（舌）に尽くし難い」と、ひとしきり愚痴をこぼした後「猶重而置談候者帰路之時分聞届、自是可申候、然者源翁（げんのう）派之義、自温塩（あつしお）（福島県喜多方市熱塩加納町）使僧謙信両寺江申届候様躰、重而可有才覚候〈以下略〉」と述べている。——春日山に帰ったら、もう一度腰を落ち着けて（義重と）やり取りをしてみる。源翁派の使僧が遣わされたら（両寺へとあるから、会津温塩の示現寺（じげんじ）、白川領の常在院（じょうざいいん）か）「会津・白川・佐竹の一和」について、重々上手く話をしておく、といったところであろう。（勿論、佐竹氏が南陸進出を諦めるわけがないのだが）会津口及び東方安定の為にも、謙信としては佐竹氏と手を切るわけにはいかなかった。

ちなみに、源翁派の始祖、源翁心昭（げんのうしんしょう）は、南北朝期の曹洞宗高僧で、巷では「九尾の狐」の化身＝那須の殺生石を折伏した神異譚で知られる。越後の出身であり、全国を行脚して数多くの寺院を建立している。白河市の常在院も同禅師の開山である。芦名氏領会津では、弘法大師開山の真言宗寺院を再建、示現寺とした。温泉(源泉)を有し、現在の熱塩加納町は同寺の門前集落として発展した。戦国期には示現寺村と称され、次第に湯治場として近郷のみならず民衆の間に浸透していった(『延宝伝灯録』『新編会津風土記』等)。芦名盛次、盛高ら歴代の会津領主は所領寄進や諸役免許等を与えて同寺を保護した。豊臣時代(蒲生氏郷)の寺領は百石とされたが、江戸時代は五十石となっている(「示現寺文書」『福島県史第七巻　資料編二』)。

木戸重朝の実弟で当時の名は木戸休波(きゅうは)(元斎)が、利根川を越える謙信越山に期待して天正六年(一五七八)三月七日、三夜沢赤城神社に羽生城回復を祈念した願文を奉納している。同日、羽生関係者か安中左衛門尉久繁なる人物も願文を奉納している。

木戸休波(元斎)願文〔勢多郡　奈良原文書〕『群』二八九一

奉立願

　三夜沢大明神

右意趣者、武州太田庄羽生城、於本意者河俣郷・志田見郷・常木郷、従三ヶ郷三貫文之地、可奉帰(寄)進者也、殊者神馬三疋、仍而精誠如件、

（異筆）天正六季　　　　（異筆）渋江
　　　　　　　　　　　　能元斎
　　三月七日　　　　　　沙弥休波（花押）

※尾崎喜左雄氏によれば、「渋江」と「天正六季」の字は異筆であるという。

安中久繁願文〈勢多郡　奈良原文書〉『群』二八九〇

奉立願
　三夜沢大明神
右意趣者、在所於本意者、神馬殊者三貫文之地形、
永代可奉寄進者也、仍而請誠之旨如件、
　　天正六季
　　　三月七日　　　　安中左衛門尉
　　　　　　　　　　　　久繁（花押）

北陸の過半を制して勢いに乗った上杉氏の優勢を信じた木戸元斎らは、今度こそは、という思いで三夜沢大明神（赤城神社）に祈願をかけたのだろう。ただ、菅原為繁の願文はそこになく、安中久繁は具体的な地名はないものの、木戸と同じような内容のものを納めているのは何故であろうか。——

羽生と安中久繁とは、どのような関係であったのだろうか。

上野の安中氏は「関東幕注文」に見られるように、かつて足利長尾氏の同心であったが、武田氏の西上野侵攻によって上杉陣営を離れている。永禄十年（一五六七）八月七日、景繁以下、安中衆は信玄に起請文を提出している（「長野県　生嶋足嶋神社文書」群二三八二他）。ただ、安中久繁は明らかに上杉側の人間と考えられる。羽生に所領があったから、元斎と同日に願文を奉納したのではないだろうか。――考えられるのは、佐野との関係である。

佐野昌綱が忠節を尽くした譜代・津布久（つぶく）昌成の菩提を弔う為に建立した大庵寺（佐野市犬伏下町）の「念仏日記」がある（大庵寺文書）。これは昌成の三回忌にあたる永禄十三年（一五七〇）一月六日から、当主昌綱以下数百名の家中が唱えた念仏の回数（辺数）を記したもので、その中に「一万返　岩崎孫二郎殿　豊広（花押）〈中略〉百一返　安中新三殿」とある（『栃木県史　史料編・中世一』）。なお、折本の中央には、周囲の諸氏よりひときわ太く大きな字で、南無阿弥陀仏　山上道牛（花押）とある。

更にかなり以前から知られてはいるが、上杉氏の「文禄三年定納員数目録　下」の中に、「五百三拾七石八斗　安中七郎太郎」とある。そこから随分と飛んで「同（安中）（百六拾六石三斗五升九合）七郎太郎事　岩崎孫次郎」とあり、その左隣に「元来甲州衆、中頃在天徳寺家ニ、後ニ左馬助ト云」と但書きがある（『新潟県史別編３　人物編』　以下、新人物で記す）。

佐野の岩崎氏といえば、昌綱の一族であり重臣でもある。安中もそうだが、念仏日記中でも「殿」

の名称がつけられ、花押のある豊広とは、昌綱の先代である豊綱から偏諱を賜ったものであろう。勿論、岩崎孫次郎と安中七郎太郎は別人であるが、二人は武田から転じて佐野家中（天徳寺宝衍）に属し、後に上杉氏に仕えたと、とれる表現である。

二人とも大庵寺の念仏日記に登場する人物と同一かは、岩崎孫次郎はそうかもしれないが、安中七郎太郎については当然これだけの史料ではわからない。新三とは「新三郎」であったかもしれない。そうなると武田ついで北条に属した安中七郎三郎と関係がありそうである（「大阪府　宇津木文書」群三四六四他）。念仏日記は、永禄十三年（一五七〇）から元亀三年（一五七二）にかけてのものである。孫二郎は文禄の頃（一五九二〜九六）は高齢であったと思われるが、慶長五年（一六〇〇）十月十二日、知行加増の条文がある（『上杉家御年譜』〈景勝公御年譜巻二十三〉）。

佐野は元斎・久繁の願文の頃は、昌綱の嫡子・宗綱の時代で後北条方であったが、当主は若年で親佐竹の譜代もいたから家中全体が落ち着いていなかった。親上杉の佐野家中は極めて少数だったと考えられるが、後の天徳寺宝衍と越後の関係を思うと、安中や岩崎氏はそれに該当したかもしれない。

つまり安中久繁は羽生に所領のあった佐野氏の親上杉同心、もしくは羽生との両属の関係にあったのではないだろうか。本書の追録部分で詳述するが、羽生の中に佐野戸室領（避来矢神社）があったように、中世戦国の頃は領主間の所領は錯綜しており、久繁が佐野・羽生両属の同心であったと捉えても不思議ではない。今のところ同人は、大庵寺念佛日記中の安中新三、もしくはその一族であると仮定したい。彼らは天正二年（一五七四）閏十一月、上杉氏が羽生から撤退した時点で苦渋の判断として同氏に従い、東上野の上杉属城を経て越後に移ったとも考えられる。

『赤城神社年代記録』によれば、天正六年（一五七八）三月三日に大旦那北条安芸守（高広）が上葺きの為、萱五百駄と兵糧米二十俵を寄進した記事の隣に「同八日延年明神御進納太刀折帋（紙）戸張一流宛女淵善折帋」とある。これは、同神社西宮に三月八日、女淵、善から太刀等（進物折紙）が奉納されたという事だろう。木戸・安中氏の願文については、（西宮増田家本が原本となる）『赤城神社年代記録』には記されていない。

ちなみに、三夜沢赤城神社は東宮社と西宮

羽生避来矢神社（移転地）　羽生城救援に駆け付けた上杉謙信が、ささら舞を舞わせて将兵を鼓舞したという。（埼玉県羽生市）

社の両社で構成されていた。西宮は元々現地に鎮座していた東宮とは別に、あとから移転してきたとの事である。三夜沢の東側、粕川上流のかつての粕川村中之沢に御殿と称される場所があり、「元宮沢」とする伝承がある。西宮は「元宮沢」の伝承と関係が深いという(『群馬県の地名　日本歴史地名大系10』平凡社　一九八七年)。

なお、弘治二年（一五五六）九月二十八日の記事にも、惣門建立の祝事として女渕より、馬・太刀が到来した事がみえる。当時の女淵城主は、足利長尾氏同心もしくは家風の新居長重とみられる(「奈良原文書」群二一二九)。

天正二年（一五七四）、越後勢が攻略した――赤城山南麓から東麓にかけての、女淵・善・山上・赤堀・深沢等、かつて上杉氏の「関東幕注文」に見られた領主たちは、濃淡はあれ、皆赤城信仰を持っていた事だろう。

三夜沢赤城神社は、上杉氏や厩橋北条氏の手厚い保護を受け、祈願所でもあったが、当然ながら広く赤城山麓に散らばる領主たちや民衆の信仰を集めていた。

後に三夜沢が後北条氏の勢力下に置かれるようになっても、同神社は猪俣助盛が天正七年（一五七九）十一月二十四日付の掟書において、「御社幷貴辺屋敷之儀、当地本領之事候間、少も不可有相違候、若違背之族有之者、被搦取之可承候、猶　鉢形御印判申調可進之者也〈以下略〉（傍線筆者）」として、神領の自治的裁量（治外法権）を認めている。何やら越後柏崎の法令を思い起こさせるものだ。

【上野 赤城山東山麓の城郭・寺社の略図】

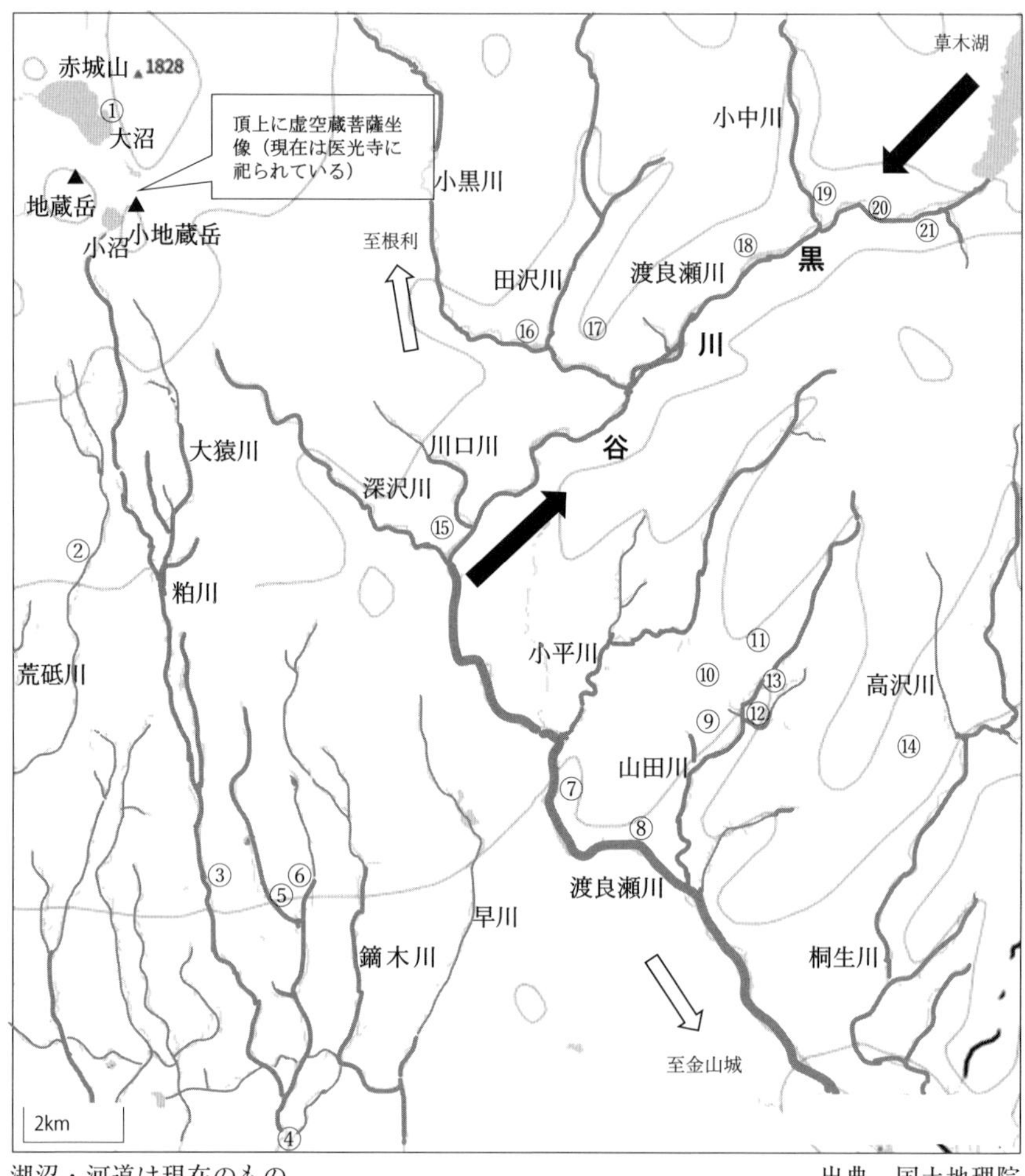

湖沼・河道は現在のもの　　　　　　　　　　　　　　　　　出典　国土地理院

①大洞赤城神社
②三夜沢赤城神社
③中村城
④赤堀城
⑤善城
⑥山上城
⑦高津戸城
⑧用明砦
⑨皿久保（猿窪）砦
⑩谷山（やつやま）城
⑪仁田山（にたやま）城
⑫名久木砦
⑬煙硝蔵砦
⑭桐生城
⑮深沢（神梅）城
⑯医光寺（本尊　千手観音像）
⑰五覧田（五乱田）城
⑱三ヶ郷城
⑲小中城
⑳神戸（ごうど）城
㉑座間城

しかも猪俣の掟書は、文中に「鉢形御印判を申し調べ、これを進ぜるべきものなり」とあるから、鉢形当主である北条氏邦の指南を踏まえての事だろう。河田備前守（九郎三郎）も、二月二十四日付で「右、三夜沢之儀、鉢形無御別条之段肝要至極候〈中略〉祈念之儀、可有之候」として同神社に判物を発給している（「奈良原文書」群二九七四　二一四七）。河田氏のものは『群馬県史』、『埼玉県史』等において年未詳とされているが、猪俣の掟書及びその翌年の武田氏善城攻めから推定しておそらく天正八年（一五八〇）のものだろう。周辺の領主や民衆に大きな影響力を持つ三夜沢赤城神社の扱いは、それだけ後北条氏にとって慎重を期すものだった。

　赤城信仰は元々は、二所明神の信仰であり、西宮は赤城山南麓を潤している粕川の源である同山頂付近の小沼（この）を神格化した水源信仰に、本地仏の虚空蔵菩薩が重なった形である。鎌倉時代以降、地蔵信仰が盛んになってくると、小沼に対して大沼（おの）を千手観音とする二所に、南麓から見上げた丸い地蔵岳を崇めて地蔵菩薩と見なし、三所明神（赤城大明神）へと変わっていったらしい。東宮は地蔵尊が本地仏となっている（『赤城神社年代記録』）。

　上杉氏や厩橋北条氏などよりも、はるか以前から在地に根を下ろしていた領主と思われる（関東幕注文中の田部井氏ヵ）田井丹後守と内儀は、信仰の証しとして永禄元年（一五五八）、赤城山小沼の東の峰である虚空蔵岳（小地蔵岳）の山頂付近に、

「本主村上三光坊

上州赤城山　小治（沼）本地虚空蔵幷（菩薩）」とある、銅製の「虚空蔵菩薩坐像」を祀った。後に堂舎が壊れた為、第二次世界大戦後、当時の勢多郡黒保根村上田沢湧丸（桐生市黒保根町）にある真言宗寺院医光寺に運ばれて、本尊は千手観音だが、「客仏」として祀られている（「医光寺虚空蔵菩薩背銘」群二〇七一）。――戦乱の激しかった頃は気候不順も重なり、無病息災・五穀豊穣を願って、赤城山東麓や粕川流域では小沼の本地仏として虚空蔵菩薩像が造立され、人々の心の支えとなっていた。

それでは、木戸元斎は当時善城にいたのであろうか。羽生城攻防戦においては、範秀（元斎）の名は、謙信と羽生とのやり取りでは一切上がっていない。やはり証人として越後にいたのだろう、菅原為繁もそうであったように。これは万が一の場合を考えて、謙信が木戸の血を残す為に講じた措置であったとも考えられる。そう考えても不思議ではないほど羽生木戸氏は、上杉氏に対して忠実な国衆であった。名字尽に木戸・菅原氏の名がないという事は、羽生城研究者にとってまことに不思議かつ頭を悩ませる問題である……。冨田勝治氏も随分悩んでい

赤城山小沼（群馬県前橋市）
前橋観光コンベンション協会提供

らっしゃった事を覚えている。

栗原修氏はその著書『戦国期上杉・武田氏の上野支配』一八七頁において、「元斎・久繁の在城地は『赤城神社年代記録』の記事から、それぞれ善・女淵であった可能性が指摘できよう。〈中略〉後藤（勝元）・河田（九郎三郎）らの政治的地位は他の在城衆に比べて抜きん出ており、両者〔元斎・久繁〕は在城地において城代的存在であったものととらえられる。〔括弧内は筆者注〕」と論述されている。栗原修氏は、後藤勝元は女淵城主、河田九郎三郎は善城主との見解であり、筆者も当時の謙信書状に加えて、「北爪右馬助覚書」や『管窺武鑑』といった両人の名が見える関係史料から見て妥当な見解であると思う（後述）。しかし、木戸元斎は忠朝の次男という点からしても、証人として越後に置かれていた可能性が高い。つまり本人よりも先に、願文が越後から送られた。

――人名か地名かわからないが「渋江」という異筆が願文にあるのは、その為ではないだろうか。「三月七日」という吉日に奉納する為に、予め越後において作成されていたという事だ。そう考えると渋江とは、実際に願文を奉納した家臣の名であったかもしれない。天正五年（一五七七）十二月、名字尽が書かれた頃、既に木戸重朝と菅原為繁は上杉氏に属していなかったのではないか。菅原為繁は天正八年（一五八〇）か九年と思われる頃の一月七日に、三夜沢赤城神社に「此度勝頼御出馬ニ付而、羽生江至本意者、赤城大明神社領一所可奉上候〈以下略〉」と、願文を奉納している（「奈良原文書」群二九七九）。この頃の菅原氏は武田氏に属していたと考えられる。

重朝・為繁が上杉氏を去れば、残された羽生衆の筆頭は元斎という事になる。もし東上野の上杉支城に同人が配置されたとしたら、決して「城代的存在」などではあり得なかったと考えられる。那波次郎や倉賀野尚行らと同様に一手を預かる城主として処遇されただろう。羽生城末期の天正二年（一五七四）六月二十二日付、謙信の菅原左衛門佐宛書状末尾にある「御忠信不浅難露筆頭候」（「謙信公御書」一上越一二一二）という賛辞からして、彼らより「格下」に位置付けられる事はなかった筈だ。

三　後藤左京亮・河田九郎三郎・河田伯耆守

後藤勝元は謙信が景虎を名乗った頃、基盤を固めた越後古志郡の栃尾衆であると考えられる事から、確かに栗原修氏の考察どおり、厩橋北条氏に次ぐ地位であったかもしれない。栃尾衆の中核である本庄精七郎は上杉旗本として大部隊を率いていたから、越後国内の軍役を集大成した天正三年（一五七五）の「上杉家軍役帳」に記載されている。他の栃尾衆は記載されていない事から、古志長尾氏を継承した河田長親に率いられていたか、かつて同郡を支配し、謙信の一族として上杉の名跡を与えられた十郎景信に従っていた部分もあったと見られる。これらの配下も、上杉の――広義でいえば大名直轄軍を構成した旗本の扱いであったろう。ちなみに、後に景勝の旗本として重きをなした水原（大関）親憲は、古志栃尾衆の出身である。江戸時代の編纂物であるが、『常山紀談』にはその活躍ぶりが記されている。

後藤の活躍は前述の「北爪右馬助覚書」に見られる他、天正二年と思われる二月五日の日付で、後藤父子に宛てた謙信書状には「到新田表、調議及仕相届候、得勝利敵討取、験厩橋へ差越、自丹後守所之返札、何も到来披見〈以下略〉」とあり、越後勢として東上野各地を転戦していた様子が窺われる（「山形県　後藤文書」群二七五一）。

同書状によれば、謙信は一月二十六日に越山の陣触を発した、とある。三月十三日には、羽生城の木戸父子・菅原氏に宛てた書状の中で、「善・山上・女淵付落居候、然処ニ沼田平八郎重而横瀬ニ令同心候間、遂静謐、女淵ニ越衆差置候、其上当地深沢江押寄、打懸ニ取詰候処、阿久沢弟兄ニ候者、押出令忠信候〈中略〉当手之者為押入要害、是も越衆ニ申付候、同ごらん田（御覧田）之地、彼飛脚如見聞、今日押落、無所経地ニ候間、払捨候⑬」といっている。これに先立つ三月十日付、鶏足寺（栃木県足利市）金剛院宛の北条高広書状では「追啓、赤堀・善・山上・女渕属御手、今日深津（沢）之地へ御馬を被進候、即御陣下ニ参候⑭」といっているから、両書状の中身を素直に信用すれば、この時の越山において「善・山上・女淵・深沢・赤堀」といった赤城山南麓の後北条方諸城が攻略され（御覧田城は廃棄したという）、女淵・深沢の二城に後藤ら越将が配属されたのだろう。善・山上・赤堀の三城は降伏した城主にそのまま安堵されたか、配下の上杉方国衆が城主に据えられたと考えられる。とすると「名字尽」に登場する河田九郎三郎（備前守）とは、やはり関東の人間であり、近江出身で上杉譜代となった沼田番将の河田重親や、その甥とされる河田豊前守長親⑮の一族ではなかったと考えられる。

天正八年（一五八〇）と思われる十月十二日付で、上杉景勝に宛てた武田勝頼の書状には「其上向善之地押寄、即時ニ責破、為始城主河田備前守、楯籠凶徒千余人討果〈以下略〉」とあり、武田勢に攻められて戦死を遂げた河田氏が、善城主であった事が確認できる（「上杉文書」群三〇四二）。『管窺武鑑上之中第二巻』舎諺集「藤田能登守の事」―七二頁の中にも同様の記事が見える。――「就中天正八年、勝頼公、膳城を御巡見の時、城主九郎三郎、自身采配を取って突いて出で〈以下略〉」とある。

善城主だった河田九郎三郎は、元は足利長尾氏の同心であったと考えられ、年未詳だが、長尾当長、養子の顕長がそれぞれ河田九郎四郎に名前を授けている（「東京都　川田市郎氏所蔵文書」群二一一六三六四二）。九郎三郎は、九郎四郎の一族ではないだろうか。

江戸時代の明暦年間（一六五〇年代）に成立した『管窺武鑑』（夏目記）には、河田九郎三郎の他、沼田城代（原文中は沼田七人衆）として河田伯耆守（重親）、竹沢山城守、大石惣介（原文では新蔵）といった「名字尽」に見える諸将が登場する。栃尾衆と考えられる渡辺左近将監[16]、猿ヶ京城将とみられる木ノ内八右衛門尉の名もある（「安得虎子」群三〇〇〇）。

ただ研究史の再確認になるが、後世の軍記物であり個人の名前その他誤りが多い。文中、「上野沼田城は、上杉謙信公の御代、河田伯耆守に預置かれ候所に、病気にて〈中略〉彼の地にて病死なり。伯耆跡に沼田城主上野中務少輔を仰付け置かるゝ処〈以下略〉」とあるのは、松本景繁あるいは小中大蔵丞死去と河田重親とが混同されているのだろう（後述）。他にも、佐野（天徳寺）宝衍と佐野昌綱の嫡男である宗綱が一緒くたにされていたり、後藤勝元が女淵（原文中は尾奈淵）城主となったのは謙信逝去後としたり、当時の書状など一次史料との比較検討が必要ではある。それでも、上杉家の「文禄三年定納員数目録」や「古代士籍」のように、補完的には十分参考になる書物である。

重親は、長親と交代する形で沼田城に入ったと思われる。[17] 長親同様に謙信の信用が厚く、御館の乱当時の史料になるが、沼田（倉内）の上杉料所の管理も任されていたようである。重親・高広（北条）に宛てた上杉景虎書状中の追伸に、「猶以料所之内、各々代官所能々被相改、当納之儀一刻も早々可指越候〈以下略〉」とある（「五畿屋文書」埼叢五一四）。長親の系統は景勝に仕え、のちに米沢藩士となっているが、重親は御館の乱において敵対した景勝には帰参せず、さりとて従属した後北条氏からも厚遇されなかった。のちに徳川家に仕えて旗本となっている（『寛政重修諸家譜　第十五』〔巻第九百四十―九〇頁　続群書類従完成会〕）。

四　大石惣介

「古代士籍」によると、大石惣介芳綱は「天文年中、前管領憲政公越後江御入之時御供」とある（新人物）。

武田信玄の駿河侵攻により急速に上杉氏に接近した後北条氏は、主には沼田城を窓口に同盟締結を進めたといえる。大石氏は交渉の中心人物ではなかったが、それでも長引いた越相同盟交渉において上杉側使者の一人として立てられたのは、沼田城代という立場に加えて、関東の出身であり憲政の側近であった事情が加味されたのかもしれない。それを端的に窺わせる史料がある。元亀元年（一五七〇）八月、信玄の伊豆侵攻に対して強く後詰を求めていた北条氏政の怒りが感じられる、と同時に、氏康が重病であり話もできない状態であった事がわかるものだ。

北条との同陣についての協議で、須田氏と共に使者を務めていた大石氏は小田原から山吉豊守に宛てて、書状中「輝虎十、廿之ゆひよりも血を出し候て、三郎殿（上杉景虎）へ〈以下略〉」という表現で記している。上杉譜代の重臣である山吉氏は大石からすれば、いわば身内であるが、「屋形様」とは云わずに「輝虎」と呼捨てにしている。氏政はこの時、大石に対して「別ニ無御用候者、可罷帰由、自氏政も被仰候〈以下略〉」といった態度をとり、別に用がないのなら帰れと、突き放された事も記している（「上杉家文書」上越九二九）。

上杉旗本で大石より先に沼田城代となっていた松本景繁は、例えば、永禄十三年（四月二十三日元亀改元　一五七〇）一月二十日付の山吉宛書状では、謙信を「上さま」と敬称している（「上杉家文書」上越八六九）。――「外様」と「譜代」における意識の違いであろう。

元亀二年（一五七一）と思われる五月二日未刻付で大石惣介・栗林二郎左衛門尉に宛てた謙信書状には、「追而、山鳥原（新潟県南魚沼郡湯沢町）之者共、妻子うけたき由申候ハ、厩橋へも無用ニ候、伯耆守ニ申付、被取曖可為請候、若無手筋与申候者、惣介・小中彦兵衛与談合候て、うけさせへく候〈中略〉たれにもむさと敵より返事中候ハ、、妻子とられ候もの上田へひきよせ、浅かい（湯沢町浅貝）ニおくまじく候〈以下略〉」とある（「東京大学史料編纂所所蔵栗林文書」上越一〇四七）。沼田・浅貝を軸に越後防衛を担う前線の緊張感が伝わってこよう。

こうしてみると、大石は沼田城に常時在城していたとは考えにくい。新地の浅貝寄居城[18]番将も兼ねていたと考えた方が自然である。

なお『上越市史』では、上杉氏に「人質（妻子）」を出していたと思われる書状頭の「山鳥原」を右小括弧内―群馬県高崎市としている。すると元亀年間の当時、西上野の武田方拠点である箕輪城や安中・和田城等の、いわば敵地に囲まれて大石、小中配下の上杉属領が存在していたという事になるが、文脈からいっても、当時の勢力状況からいってもそれはないと考える。

上田衆である栗林政頼は、大石と共に浅貝寄居城の番将でもあったと思われるが、景勝代理の一人として、上越国境に最も近い猿ヶ京城にも注意を向けながら、謙信の命で塩沢を要とする三国街道を忙しなく行き来していたのだろう[19]。複数の番城を抱えて機動力が求められていたのが上田衆なのである。名字尽に栗林の名が見られないのは、彼が謙信からすれば陪臣であったからだ。

松本景繁は既に死去しており（「上杉家文書」上越九四九）、北条氏康の病によって越相同盟も怪しい雲行きとなり、結局は二年足らずで崩壊していったから、元亀年間以降、越後防衛の要である沼田城を中心に、上越国境に近い猿ヶ京・名胡桃・越後浅貝寄居城等の連携体制が、在番将の人事と共に強化されたといえよう。

五　上野中務丞（家成）・小中大蔵丞・小中彦兵衛尉

この頃の沼田城は越後防衛の為の、関東における上杉最重要拠点と位置付けられていた。永禄年間に没落した元城主、沼田氏の血筋である沼田平八郎を「境目」である女渕城主にいわば追いやり、上杉支城として在番支配を確立させた[20]。越相同盟の頃は「沼田三人衆」として、河田重親・上野家成・松本景繁の名が度々書状の宛名に登場するが、永禄十一年（一五六八）末までは、越後中郡の出自と考えられる小中大蔵丞も沼田在城衆の一人として名を連ねていた（「山梨県　庄司喜与太氏所蔵」上越六二九　「伊佐早文書」越佐四―六九〇）。家成は大蔵丞の跡を受けて沼田城に入ったと思われる。

上野氏は、新田源氏の流れを汲む越後魚沼郡波多岐庄の国衆だが、布支黒（節　黒）（新潟県十日町市）城主の時代、早くから府内政権に接近して上杉譜代となっていた（「白川領士記」越佐三―四七六）。弘治二年（一五五六）八月、守護上杉氏の官僚であった大熊朝秀が叛乱を起こして武田氏に走った際、家成は謙信の命で庄田定賢らと共に出陣し、朝秀を越後駒帰（糸魚川市）に迎え撃ち、敗走させている（「山内文書」「歴代古案」「上野文書」他　越佐四―一三五　一三六）。

のちに謙信死去を聞いた家成は、沼田領後閑（群馬県利根郡みなかみ町）の恕林寺（じょうりんじ）に主の死を悼んで宝篋印塔を建立した[21]（現在は移転されて月夜野上津の如意寺にある）。これは、後閑が同氏の知行地であった事を物語っている。御館の乱では景勝に応じて沼田城に籠城し、景虎を支持する河田重親と戦ったが、水の手を絶たれたとある(「小野寺文書」越佐五―五三八)。その後は越後に退去したと伝えられるが、確かな事は不明である。

なお上野一族は一貫して景勝に属し、御館の乱後の新発田重家叛乱の最中、天正十年(一五八二)十月、上野久兵衛は城から討って出た新発田勢の追撃を受け、放生橋の戦闘で菅名・水原氏らと共に戦死を遂げたという(「毛利系譜」「景勝一代略記」「上杉家古文書」越佐六―三五六　三五七)。

「名字尽」において上野在国衆の最後に記されている小中彦兵衛尉は、大蔵丞の弟である。年未詳だが、越相同盟の頃とみられる三月十七日、大蔵少輔(大蔵丞)宛ての謙信書状では「煩之由、無心元候、因茲、弟之彦兵衛尉差越候、無油断加療治、早々可平癒事肝心ニ候」と、病であると聞いた同氏に対して気遣いを見せている(「上杉家文書」上越九七六)。「因慈(これにより)」とあるから、謙信の近くで仕えていたか、もしくは在所の知行地にあったかもしれない弟の彦兵衛尉を見舞いに差向けたという事だろう。

永禄九年(一五六六)とされる十月十三日付の大蔵丞宛上杉輝虎書状では、「黒岩(みなかみ町月夜野)・なくる見(名胡桃)之地下人相調、両地堅固之由〈中略〉是も吾分稼故与神妙ニ候」と称賛している(「米沢市　北条元一氏所蔵」上越五三五)。

小中氏がいつから沼田に派遣されたかは不明である。小中という姓からして元々の出自は越後ではなく、下野佐野の小中とも考えられる。謙信の時代に頭角を現したと見え、永禄二年（一五五九）上洛からの帰国祝賀の諸士の中に「小中大蔵・高梨修理亮」と並記されている（「上杉年譜」越佐四―二三二）。当時の高梨氏は武田氏の北信濃侵攻によって高井郡（須坂市）の本貫地を追われ、越後中郡の高梨城（小千谷市高梨町）にいた。永禄五年（一五六二）と考えられる三月十五日付で、春日山城留守居の諸将に宛てた「上杉輝虎書状」は春日・府内・善光寺門前の「火之用心」等警備を指示したものだが、宛名の筆頭は金津新兵衛尉、次いで本田右近充、吉江織部佑（景資）、高梨修理亮、小中大蔵丞、吉江民部少輔、岩船藤左衛門、吉江中務丞の順である（「東京都　関口直甫氏所蔵」上越三一三）。金津・吉江を始め、何れも信頼のおける謙信側近の中郡国衆、もしくは配下と考えられる（「古代士籍」によれば、岩船藤左衛門は信州出身の目付役とある）。本田右近充・吉江織部佑の両名は「名字尽」の中にもその名が記されている。小中大蔵丞はおそらくは新参の側近だろうが、謙信によって抜擢されて沼田に派遣されたものとみえる。

元亀元年（一五七〇）には弟の彦兵衛尉が、河田重親・竹沢山城守等沼田在城衆の中にその名を連ねるようになる（「東京都　板屋胤一氏所蔵」上越九四六）。大蔵丞はその頃には名が見られず、死去したと考えられる。兄に代わって沼田・名胡桃の地盤も受け継いだのではないか。

謙信死後の御館の乱が、上杉景虎の死によって一応の終息を迎えていた頃、小中彦兵衛尉は武田氏に従属する。この時の武田朱印状には――沼田城を手に入れた暁には、河場吉祥寺分以下、〈中略〉

なくるミ村同寄居・ゆのひそ(湯檜曽)の開・竹沢山城分、等々を「下置かれべく候」とある(「山形県　北条文書」群二九七五)。朱印状中の知行地(地名)は当然、小中氏側の申告であると考えられるが、上杉領沼田城時代の在番衆知行地を含むとみて差し支えないだろう。名胡桃村は寄居とあるから館周りの集落であり、また竹沢山城守は後北条氏に属していた事が窺われる。大石が浅貝の寄居を兼務していたと考えられるように、小中は沼田城将を兼ねており事あれば沼田に駆け付け、普段は名胡桃の館(寄居)において仕置をしていたといえるのではなかろうか。利根川以西の対武田最前線の地において、黒岩・名胡桃両地を維持するとは、常時沼田にあっては無理を生じよう。

六　竹沢山城守

竹沢山城守が沼田城将であったと推察可能な初見史料は「信玄越河之由注進、令得其意候〈中略〉明々之内ニ越山儀定候、其庄在々江馬乗被廻〈以下略〉」とある、(元亀元年)十月十日付の謙信書状である。宛名は本庄清七郎・河田伯耆守・小中彦兵衛・竹沢山城守・発知右馬允・栗林次郎左衛門・板谷修理亮・新発田右衛門大夫となっている(「東京都　板屋胤一氏所蔵」上越九四六)。信玄が河を越えたとあるのは、利根川ではないと思われるが、其庄とは沼田之庄と思われる。

本庄清七郎は謙信が最初の立脚基盤とした栃尾城主本庄実乃の子であり、「上杉家軍役帳」において二四〇余名を負担する腹心だった。栗林ら上田衆と同じく沼田・厩橋に事あらば塩沢を経て駆け付ける、謙信が最も頼りとした旗本の一人といってよい。この場合、横目として沼田に派遣されていたものと思われる。次の河田・小中・竹沢・宛名最後の新発田が在城衆で、発知・栗林は上田衆、板谷は当時病床あるいは死去していたと思われる松本景繁の代官である。「古代士籍」によれば、上野の出身という。[22]

竹沢氏は元佐野家中であったと思われる。謙信が佐野支配を断念して越後に帰国した際、永禄十年（一五六七）十二月、芦名方游足庵（淳相）に書状を送り、その中で「然者佐城之儀、手越之地与云、佐野悃望与云、先以小太郎（佐野昌綱）ニ預置、彼息始虎房丸、家中之証人卅余人、幷従越国籠置候者共召連、去廿一納馬候」と述べている（「謙信公御書」一上越五八六）。竹沢はこの時、佐野虎房丸に従っていた証人の一人ではなかったか。『管窺武鑑』の前掲部分―六六頁には、沼田七人衆の一人として「竹沢山城守、是は元来佐野天徳寺宗綱入道の衆にて、武功の士大将なり」と記されている。（昌綱の弟とされる天徳寺宝衍と昌綱の嫡子＝宗綱が混同されている）

ここで思い起こされるのは、Ⅲ章「はじめに」の中で掲げた沼田城将たちに宛てた謙信書状である（「雙玄寺文書」上越五九一）。文中には、佐野から召し連れてきた者たちが城外に在宿と聞いて、以前から申し付けておいた曲輪に差し置くように、とあった。つまり以降は、沼田城の「証人曲輪」で虎房丸以下、佐野の人間たちが過ごしていたという事だ。この中から、後に沼田城の重要な人材として竹沢が抜擢されたと考えられる。蓼沼日向守や佐野清左衛門等、後に越後で活躍した佐野出身者もいたが、証人をある程度、東上野における拠点兵力として投入しなければ、上杉の領域支配は成り立たなかったのである。

謙信の時代は越後一国の完全支配が達成されていなかったから、越中・能登もそうであるが、関東に向けられる軍役衆が常に不足する状態であった。謀反を起こした北条高広を差し替える事が出来なかったのも、那波顕宗を今村城主に抜擢した事も、そうした観点から見る必要があるだろう。――上杉証人戦略の再確認である。

出居博氏によれば、御館の乱で景勝側につき越後簱持城（はたもちじょう）（柏崎市米山町）将として活躍した佐野清左衛門が「虎房丸」であった可能性があるという（『戦国唐沢山城　―　武士たちの夢の跡　―』出居　博　発行者佐野ロータリークラブ　増補・改訂版　平成二十九年）。

佐野家中については、一次史料ではないが『佐野武者記』[23]〔個人蔵〕から、一部を揚げる。

御一族

一　富士下野守　秀久

同　源太左衛門　秀正

富士村ニ居住ス

一　赤見次郎左衛門　綱重

嫡子六郎　綱高

〈中略〉

一　四天王之内　大抜越中守　　武重
　　　　　　　　嫡子伊勢守　　武基
前ノ大貫越中守忠定ハ上州辛沢ノ城主也

一　四天王之内　竹沢刑部少輔　定冬
　　　　　　　　嫡子山城守　　定清
前ノ源三郎清秀ハ上州伊勢崎ノ城主也

一　四天王之内　山上道牛　　輝氏綱勝
　　　　　　　　同　藤五郎　　氏吉
前ノ山上美濃守将秀ハ北条左衛門氏堯ノ
士也上州厩橋ノ城代也

一　四天王之内　津布久右衛門兵衛明豊
　　　　　　　　嫡子弾正　　秋直
前ノ津布久駿河守秋教ハ上州那波ノ城主也〈以下略〉

これを見た限りでは、竹沢山城守の諱は定清となっている。

七　倉賀野左衛門尉（尚行）

倉賀野氏は名字尽中、唯一「関東幕注文」に記載されていた氏族である。武蔵武士団児玉党の末裔であり、同党の系譜を引く諸氏は本庄氏・小幡氏もそうだが、軍配団扇紋を家紋とする家が多い。沼田衆の一人阿佐美氏も同紋で児玉党出身である。

永禄年間に本領西上野の倉賀野城を失った後も上杉氏に属し、一手の将として東上野内の上杉系城郭を任されていたと推察される。消去法でいえば、在城地は山上城か厩橋対岸の石倉新地、或は高津戸城だろう。

天正六年（一五七八）と思われるが、「吉江文書」『群』二七六〇では天正二年（一五七四）比定の三月二十七日付で、倉賀野尚行が上杉取次の吉江喜四郎・北条下総守・三条道如斎に宛てて、「就其許御仕合之儀、当口無御心元被思召、一瀬方為御使被指越候、善之地へ罷越、御使江懸御目、御様躰承届、過分之至存候、於御様躰者、彼御方へ申展候間、定可被仰上候、雖無申迄候、可然様ニ御心得御披露奉存候」と述べている。『越佐』五―二一八では、解釈として「謙信が、尚行に倉賀野城の安否を問う」としている。

当口とは尚行の在城地であろうが、倉賀野城は永禄七年（一五六四）、武田信玄によって攻略されており、その後上杉方が奪還したとは聞かない。『群』二七六〇と同じ日付で吉江氏宛の北条芳林・同景広連署書状中には、「上様（上杉謙信）御逝去不及是非候、当表之事、御威光不浅上動揺以外ニ候つる、雖然、御味方中令相談、于今御煩之様ニ取成候、猶様躰者市瀬右近允申分候、此旨宜預御披露候」とある（「吉江文書」群二八九六）。北条父子は謙信訃報を受けてその死を悼みながらも、この事実が周囲に与える影響を考えて「御味方中と相談をして取り敢えずは御病気を患っていると取り繕う事とします、詳しい説明は（上杉使者の）市瀬右近允から聞いてください。この旨（景勝、景虎ヵ）よろしくお伝えください」そういっている。――という事は、尚行は謙信の訃報を知らされていなかったのだろう。

『群』二七六〇中の「彼御方」とは、善城主の河田九郎三郎を指しているか。

両書状の一日後――三月二十八日に出された津野久信定の吉江氏宛書状には、善城に使者が来た事や、尚行も同地に招かれたとあり、続いて「後日ニ罷越、御様躰承申、乍恐御笑止ニ奉存候、扨亦御番御普請之儀、無如在可仕候〈以下略〉」とある（「吉江文書」群二七六二）。謙信が臥せっていると聞いて、「まさか御屋形様に限って」という心情の吐露が窺えよう。

津野久が津布久であるとすれば、同人が下野佐野氏か桐生佐野氏の家中であった可能性が高い。しかも遅れて（善城に）罷越したのは、「御番御普請」の為らしい。上杉方の東上野番城で天正六年三月あたりの普請といえば、可能性が高いのは由良氏桐生領との境目にあり、渡良瀬川東岸に位置する高津戸城（みどり市大間々町）である。

高津戸城については一次史料がほとんどなく、地元の伝承では、上杉越山に期待して桐生佐野氏遺臣の里見兄弟が立て籠もり、謙信死去の頃、由良勢の攻撃を受けて落城したという。ただ文献史料で

は、北条氏政が天正七年（一五七九）五月六日、由良六郎（国繁）に宛てた「申定条々」の中で、

「一　高津戸地

右、此度無意趣打明由候、子細者、雖不知候、明地之事、

是又前々自其地被拘置間、任置候、」

としている（「集古文書」群二九五八）。表向きは、氏政はこの度の高津戸城の顛末については関知しておらず、攻城戦の末「打ち明けた結果」闕所地として由良氏の申告通り「以前から抱えていたのであれば、任せ置く」という。しかし、天正元年（一五七三）の由良氏による桐生城攻略の後、同氏による高津戸城取立て、普請といった史料は今のところ見られない。上杉氏の一次史料にも高津戸城取立ての具体的記事は見当たらない。従って誰が在城したかは特定できない。当時、桐生由良領との境目の上杉方としては、上神梅の阿久沢氏、黒川谷領主の松島氏[24]が挙げられる。出身地が近いと考えられる津野久氏が高津戸城将の一人だった可能性は大いにある。天正三年（一五七五）攻略[25]の桐生仁田山地域の猿窪（皿久保）・谷山城も謙信在世中は上杉方によって維持されていたと考えられる。

従って尚行は、かつての本拠地である倉賀野に比較的近い石倉城（新地）か、善城と近距離にある山上城に在城した可能性が高い。同城よりも中村城の方が至近だが、規模が小さく善城の支城としての性格が強い。一次史料はないが、地元の伝承では中村氏もしくは松島氏の名が城主として伝えられている。石倉城も実質、取出であり、倉賀野氏クラスの番将が拠るのも不似合いといえばそうである。

上杉氏は書状類の史料は多いが、例えば武田氏のように、在地支配を示した朱印状のような行政関係の史料は少ない。天正五年（一五七七）末という、いわば上杉氏の全盛期に作成された名字尽でも諸氏の在城地を特定する事は困難である。この時期、上杉・武田は停戦状態にあったと考えられるから[26]、（倉賀野は相変わらず武田領であったが）尚行の所領が全く同地に存在しなかったともいい切れない。新たな関係史料が世に出ん事を切に願う。

その後――戦国領主たちの終焉

永禄の末から元亀二年（一五六九～一五七一）にかけての越相同盟は、戦国史研究者の間でそれなりの論考はあるものの、史的評価は定まっていないように思う。特に北条氏にとっては、度重なる信濃出兵要請に全く応じなかった謙信に対して氏政の不満が大きく、同氏にとって越後との同盟は役に立たなかったとする見解がある。逆に「外交下戸」であったとされる北条氏にとって同盟により上杉との停戦がなされ、その抑止力を対武田戦に活用出来たと意義を強調する見解もある。上杉にとっても、関東戦線において「一時的に息を吹き返した」感はある。特に羽生城と関宿城は越相同盟がなかったら、もっと落城の時期は早まっていただろう。しかし、たった二年余りの同盟とその余波が、後の上杉政権を大きく揺さぶる結果となった。

それは、謙信死後生じた跡目争いの「御館の乱」である。北条氏康の子であり、謙信の養子となった三郎景虎の悲劇をもたらして、余りあるものとなった。坂戸城上田衆の盟主である景勝と景虎との間で争われた御館の乱は、越後を二分したばかりか織田信長という、最大最強の難敵を呼び寄せて、乱の勝者である景勝を滅亡寸前にまで追い込む結果となっていった。しかし、その御館の乱を実力で乗り切ったからこそ景勝は、阿賀北衆を家中と為さしめ、豊臣政権下において真の越後統一者となれたのである。

謙信の晩年、天正四、五年にかけての能登攻略では、一国にまたがる分国法とでもいうべき、十三箇条から成る制札が掲げられた。越後全域に適用される分国法は制定出来なかった代わりに、新しく分国（概念上は領国）とした能登には大名権力による一円支配が目論まれたわけである。謙信が十九歳の長尾景虎時代、越後春日山城主となってから、実に三十年の歳月が流れていた。

以下、内容を掲げる。

上杉謙信制札〔上杉家文書〕『上越』一三五四・〔朝陽私史〕『越佐五』―四一一

御制札

一、無道狼籍(藉)之事、

一、おしかい(押買)の事、

一、はくゑき(博奕)の事、

一、見あひさうてん（合相伝）人かとひ（勾）の事、
一、前々の遺恨在之而、或はおや（親）のかたき（敵）・妻かたき【越左史料】の事、
一、喧嘩口論至于有之者、理非もいらす、双方共ニ成敗之事、
一、へいせゐ（平生）たちふるまふ（立振舞）間ニて、乗打・はきもの、とかめ（咎）有へからさる事、
一、他之被官当国内にて、たかひ（互）に許容すへからす候、
但し、主人なくは、可加扶助事、
一、用なきに、奉公人在々所々寺かたへ打まはり徘徊、甚無道之子細ニ候事、
一、定おかるゝ寺社領、むさふりとるへからさる事、
一、知行如　仰出、申つけへく候、号境論、不請　御意、間のわうりやう（押領）、公事さた（沙汰）これ有ましき事、
付、八木（米）・斗物ハ鰺坂備中守（長実）幷遊佐美作守（続光）如申付、無大小、一国可成由、但、有多少者、げんご可為糾明
事、
一、城々在々所々、竹木　おほせつけられ候所、政道の事、
一、前々のやくしや（役者）に、越後よりおかせられ候もの、号横目、そへ警固、海陸共にの事、
付、黄金商買（ママ）、以京目致之事、曲子細也、所詮是も鄙目ニ可申付事、
右、此条々於相背者、不嫌甲乙人可被加御成敗云々、
但、依人、於背御諚者、可為逆意由被　仰出、被成

御印判者也、依如件、

天正五年
拾月廿五日

美作守在判(遊佐続光)
備中守在判(鯵坂長実)

かつて柏崎に出された法令と違い、国内支配に関して、庶民から武家・奉公人・納税・黄金商い・寺社の権限に至るまで大名権力の意向が通達されている。伝馬駅制や撰銭などについては定めがないが、当面の課題である一国の治安保障に向けて、人心の安定が第一であったから（政策の）意図は十分に察する事が出来る。だから上杉代官である鯵坂長実の他に、国情をよく知った旧能登国主畠山氏の親上杉派重臣であった遊佐続光を表に引っ張り出してくる必要があった……。

能登攻めは他国同様、民衆の激しい抵抗をも軍事弾圧で抑え込んだから上杉領国化したとはいっても、疲弊し切っており、人心を得るには途方もない時間が必要であった。のちの記念切手にも採り上げられた能登の(石川県輪島市名舟町)「御陣乗太鼓」などは、如何に地元の人たちが、侵攻して来た上杉勢に対して死に物狂いで立ち向かったかが端的に窺い知る事が出来よう。織田軍に対処する必要性もあったが、能登国内の一部にでも天正六年（一五七八）の陣触発令がなかったのは、以上述べてきた事が主な理由だろう。

謙信が死去したのは、「能登国制札」の発布から約五ヶ月後・「名字尽」の作成から約三ヶ月後の天正六年（一五七八）三月十三日であった。奇しくも、かねてから京絵師に描かせていた自身の寿像が完成したその日であったという。上杉謙信寿像裏書には「〈上略〉兼知死期給歟、不可思議〈以下略〉」とある（「高野山無量光院所蔵」越佐五―四二六）。景勝は三月二十四日、越中の小島職鎮に、四月三日、会津の芦名盛氏にそれぞれ謙信の訃報を伝えている（「上杉家古文書」越佐五―四二九）。

謙信死後、越後一国を規定する新しい支配体制は、御館の乱を経て、景勝が「太閤検地」等、豊臣秀吉による統一政権の力を背景に実現する事となる。しかし、養父謙信が命がけで手中にした越中・能登という北陸の上杉分国はその領有が認められる事はなかった。だからといって後北条氏のように豊臣政権と抗争するような事態になれば、その後の上杉家は存在しなかったろうから景勝に悔いはなかっただろう。――「関ケ原」を経て上杉は米沢に移ったが、今も北陸には、かつて謙信を頼りとしつつ、織田信長と徹底抗戦を展開した一向一揆の末裔である、多くの真宗寺院が健在である。

それにしても上杉氏とは違い比較的安定した世襲権力であり、一族団結の下、民政に意を用いた大戦国大名の後北条氏でさえも、小田原本城に拠る当主が関東数ヶ国を一元支配していたわけではない。北条氏照・氏邦ら一門の兄弟衆が一致団結して支城を固めていた武蔵の国でさえ、忍城の成田氏などは外様国衆（他国衆）として半独立性を有し、北条の軍役は務めるが、一方的に従属支配されていたわけではない。

後北条分国の外縁部である上野では、新田由良氏・足利（館林）長尾氏なども同様だ。但し、後北条氏の法令からは除外されていたわけではない。駅制である伝馬役は他国衆も務めていたし、必ずしも後北条分国ではなかった永禄年間には既に、撰銭令[27]などは東上野にも浸透していた。領主間相論の裁定も受けていた。後北条氏が戦国大名の典型と言われる所以である。

由良・足利長尾氏は天正十一年（一五八三）以降になると、後北条政権に対して「独立」を維持しようとして叛乱を起こし、討伐されて没落した（「石川忠總留書」群三六五〇他）。しかし普請役・軍役等、同政権の指示に忠実に従えば、由良氏らと違う中小規模でも居城を持つ富岡氏などの場合、他国衆としてある程度の自立は容認された。

新田領・館林領に隣接する小泉領主である富岡氏は元々、館林城主であった赤井氏に同心として属していたが、永禄五年（一五六二）の謙信越山により赤井氏が没落すると、館林城は足利長尾氏に与えられたが、富岡氏は直接、上杉の軍事指揮下に入り謙信に従って関東各地に参陣している。永禄九年（一五六六）、長尾上杉氏の勢力が関東から後退すると、今度は後北条氏に属した。天正十八年（一五九〇）七月、同氏が豊臣政権に降伏するまで従っている。

豊臣秀吉の小田原攻め直前になる天正十七年（一五八九）十二月二十八日付で富岡氏は後北条氏の陣触を受け、当主の六郎四郎（秀長）は六十名を率いて小田原城に入っている[28]（「福井県　原文書」群三五七八）。小泉城には当主弟の新三郎（長房）が籠城したが、前田利家を総大将とする上杉氏ら北国勢が来攻すると、館林城同様に戦わずして降伏した。

北条一門が籠城する八王子城や鉢形城、岩付城では一部激戦が展開されたが、「衆寡敵せず」降伏している。秀吉をして「八州ニテは要害堅固之由候」（「黒田家譜」埼叢九三〇）といわしめた岩付城は、小田原本城に倣い、城下を囲む大構（おおがまえ）（大土塁）が築造されていたが、五月二十日の取り付きから僅か三日で落城した（「武家事記」三十　埼叢九二四）。守備範囲が広いにもかかわらず、城兵の大半が小田原にあったからである。小田原落城後まで持ちこたえた北条方は成田氏の忍城のみであった。

こうした状況下、新三郎は五月一日付で、上杉景勝の家臣となっていた木戸元斎の陣所に書状を送り、「我等進退之儀偏奉憑候、何趣ニも可然様ニ御作意之外、不可有之候」と述べて、豊臣側近への執り成しを哀願している（「雲洞庵文書」埼叢九一五）。小田原後北条という「上意」には逆らえず、籠城せざるを得なかった小領主の叫びが窺われる。この時、木戸がどう動いたかは不明だが、結果として新三郎の願いは聞き届けられたようで、豊臣の旗本奉行である浅野長吉から「御状令拝見候、幷源五被申越通得其意候、御身上之事涯分、馳走可申候」と、善処する旨の返事をもらっている（「内閣

岩付城大構跡　頂部は愛宕神社（埼玉県さいたま市岩槻区）

文庫所蔵富岡家古文書」群三六二九）。文中の「源五」とは、黒田基樹氏は新三郎の弟にあたる可能性を想定されていたが（「富岡氏の研究」『戦国大名と外様国衆』所収）、五月一日以降の流れからいって木戸元斎の事だろう。当時の元斎は上杉家執政である直江兼続の執事[29]として国内外諸氏への取次は勿論の事、上方との交渉にも通じていたから、豊臣旗本の佐野宝衍同様に浅野とも懇意にしていたと思われる。

天正十八年（一五九〇）七月一日、北条家五代当主氏直は籠城していた西上野他国衆の小幡信定に宛て、「今度関白殿（豊臣秀吉）へ出頭之儀、遠慮之旨雖有之、媒介之各手堅筋目被申候条、令同意候、今夕使衆重而申談〈以下略〉」と述べている（「源喜堂古書目録所収小幡文書」群三六三九）。自身が豊臣政権に降り、今日の夕方に豊臣方の使者と会って打ち合わせをするという事が淡々と綴られているが、心中は胸が張り裂けるような思いであったろう。この時、氏直はまだ二十代であった。

北条氏直の投降は当然の事ながら、家一門・譜代・他国衆の運命を大きく変えた。小田原開城後は秀吉厳命の仕置により、北条氏は勿論、例外なく配下の他国衆もすべて従来の所領を没収されたのである。北条氏政・氏照はこの度の戦争首謀者と見なされて切腹させられ、当主氏直は高野山に追放された。富岡氏は小泉領を失った後、新田領（太田市下浜田）に土着帰農して江戸時代は名主を務めた一族や、越前福井藩祖の結城秀康に三百石で召し抱えられた富岡権平、源兵衛という人物もいた[30]。上杉関東味方中であった梶原政景も同じく秀康に仕えている（「源秀康公御家中給帳」『福井市史資料編4　近世二』五三二）。

富岡氏と同様に「中小規模の国衆」で、かつて上杉にも服属した阿久沢氏や松島氏は小田原合戦後、武家階級から離れたが、阿久沢治部という人物は徳川譜代の牧野氏に仕官している(「北爪右馬助覚書」群三六九二)。羽生城回復に執念を燃やし続けた菅原為繁(この頃は直則)は、かつての領地―花崎城に近い騎西(加須市)正能に土着帰農した。江戸時代は名主として過ごしており、同家には検地帳も残されている(「正能文覚氏所蔵文書」『騎西町史　中世資料編』343他)。北条も成田も改易されて先祖が積み上げた領地を離れたわけだから、羽生衆栄光の地に近い土地で土着・検地帳名請人となった菅原氏は見方によっては、勝者であろう。武家としての出世にこだわり、大名や大身の武士になる事だけが、人生の勝者でもあるまい。武家領主としては勢力的に小さかったかも知れないが、富岡氏も、菅原氏ら羽生衆も大勢力相手に力の限り戦い、家を守り、北関東の戦国争乱を駆け抜けていった。

上杉謙信は享禄三(一五三〇)庚寅の年に生まれ、天正六(一五七八)戊寅の年に死去した。後北条氏の小田原城が落城したのは天正十八(一五九〇)庚寅の年だから、存命であれば還暦を迎えていた。ともあれ寅年の天正十八年、百数十年に及んだ我が国の戦国動乱――大名間戦争は終焉を迎え、謙信が介入し続けた関東の地は、下野・常陸・安房国を除いてほぼ徳川家康の領国となり、「江戸幕藩体制」という新しい時代が作られていったのは周知の事実である。

Ⅲ章　註

（1）「永禄参年三月　日」の斎藤朝信・北条高広連署制札には、「右、於越中国新河郡内神前筑前拘領太田上郷道場寺家、同門前、越後州諸軍勢濫妨狼籍堅停止之〈以下略〉」とある（「富山県玉水寺所蔵」上越二〇三）。

　他に、関東の情勢を報じてきた佐竹義昭に宛てた返書として、（永禄三年）四月二十八日付の長尾景虎書状に、越中出陣の事が記されている（「福王寺文書」上越二〇五）。同書状の前半に「越中国之儀、去夏以来、神保・椎名衆手負、既被及福龍候云、隣州年来申承候与云、返々見除候条」と述べている箇所があり、――去年夏以来の神保・椎名氏の抗争について、隣国（越中椎名氏）との年来の関係からいって見過ごす事はどうか、そうとれる表現をしている。終盤には「惣躰景虎事、依々怙不携弓箭候、只々以筋目何方へも致合力迄候」と、自分は私欲の為に弓矢を取るような事はしない、何れに対しても物事の道理に叶った行動をとり合力するまで――そう言い切っている。

　当時の謙信は三十一歳、現実に悩みながらも、あくまで理想に生きる青年像としてあったのかもしれない。後世、このような書状の「言語録」とでもいうような部分が切り取られ、独り歩きをした結果、利害では動かぬ「筋目を重んじる義将」として、人口に膾炙したのだろう。

（2）「近所之儀」とは、藤木久志氏によれば、在地の第一次裁判権ともいうべきであるという。――越後の上杉領内でも、在地の領主のあいだに紛争が起こると「ご近所の儀にそうろうあいだ」などといって、近隣の領主たちが調停にのりだし、大名権の干渉を拒絶したりしている〈以下略〉。（『戦国大名の権力構造』二六、三二五頁　吉川弘文館刊行　昭和六十二年所収）

（1）の場合、永禄三年の時点で既に越中の守護は存在していないが、謙信の父である長尾為景は越中平定の功により、大永元年（一五二一）、時の越中守護・畠山尚順から越中国「新川郡守護代職」を与えられている（「上杉古文書」越佐三―六八一）。しかも、新川郡の長尾代官とした椎名康胤は長尾一族である小四郎景直を養子としていたから、有名な「輝虎守筋目不致非分事」の願文の中で「一、越中口静謐之事、是者、神保（長職）・椎名（康胤）間之取相、様々及意見候得共、無承引候、椎名事、亡父（長尾為景）以来申合与云、長尾小四郎（景直）養子成之云、旁以難捨及加勢事、是又非分無之候〈以下略〉」と誓っている（「弥彦村　弥彦神社所蔵」上越四一二）。謙信の告白では、椎名・神保氏が争った時、最初は調停を試みましたが、まとまりませんでした。そこで、椎名とは亡父以来の関係であり、長尾小四郎が養子となっているので、近隣の事ですし見過ごすわけにはいかず加勢に及びました。――越中守護はいないものの、まさしく「近所之儀」である。

この時の長尾上杉氏越中出陣は、領国化を念頭に置いたものではなく、古くから研究史でもいわれているが、「越中口静謐」という関東越山に向けて背後を固めたものであり、永禄二年の上洛と合わせて評価すべきものだ。

（3）

（天正二年）閏十一月二十日付、芦名修理大夫（盛氏）宛上杉謙信書状には、中程に「義氏様御座所古河」と書かれている箇所がある（「名将之消息録」越佐五―二七四・上越一二三八）。

謙信は越相同盟の頃、後北条氏の血を引く足利義氏を古河公方として承認したが、当初は「筋目も好も依無之、終ニ不及御請候」という、にべもない立場であった。が、羽生の広田兄弟たっての願いを受け入れて承認したという。北条氏の証人で養子とした景虎の祝儀が終わると、「追而、其方名字中之名誉候間、義氏江御請之添状ニ其方所へ一筆申届候〈以下略〉」と広田直繁に宛てた書状の追伸で明らかにしている（「謙信公御書」一・二　上越九〇五　九一一）。この気の遣いようは、他の親上杉国衆には見られなかったものである。と同時に、広田・木戸氏が古河公方奉公衆であった事をかすかに思わせる。

義氏は永禄三年の謙信越山によって古河の御座所を追われ、越相同盟の成立により、ようやく古河城に復帰したといういきさつ等から越後勢を終生、「北敵」と呼んで憎んだ。

（4）　十二月十七日付、厩橋北条氏宛の跡部勝資書状には「不存寄候之處、先日者御礼珍重候、仍可有御密談之旨候條〈中略〉然則信玄・勝頼ニ不及申聞候之間、黙止之候、惣別当時甲相入魂無二被申合上者、三和一統之外、難成就候〈以下略〉」とある（傍点は筆者・「新潟県　高橋桂猪氏所蔵文書」群二六七九）。県史では「元亀二年ヵ」の書状とする見解だが、文中には（省略したが）「去比於殖野陣」という文言がある。これを佐野植野とすれば、その通過地点であった武田勢の羽生侵攻に絡むと考えられる（元亀二年辛未二月廿六日付、武田家高札「源長寺文書」埼六七一）。だとすれば、まさしく甲相同盟復活直前の内密交渉（御密談）だった事になる。——甲相最前線における厩橋北条氏の緊迫した立場が理解できよう。

　北条高広・弥五郎景広父子の和議交渉はまず自分たちから武田氏に持ちかけ、おそらく謙信の同意なく、独断でやったことだろう。しかし甲相入魂無二の申し合いをした以上は、三和一統でなければ無理だ。信玄・勝頼の耳に入れるまでもない、とされた。

　元亀三年（一五七二）と思われる四月十六日付謙信書状では、北条高広に対して「〈前略〉扨亦越・甲一和之儀、織田信長・朝倉義景ニ付而、信玄色々候、乍去不本候間、重而模様聞届〈中略〉弥五郎ニ無油断意見尤候、若輩ニ而不澄儀候者、涯分可加意候〈以下略〉」と述べており、越甲の和議には謙信自身、あまり気乗りしない様子が見てとれる。主として和議の推進者は弥五郎景広の方であったかも知れない（「京都　妙満寺文書」上越一〇九四）。

　この後も三和一統は足利義昭の強い働きかけがあったが、例えば（天正四年ヵ）九月十五日付、河田長親・直江景綱連署状中、謙信の意思として「於越・甲計者可応　上意候歟、相州於可被差添者、被致滅亡候共、亦得御勘当候共、無二存切候事」とあり、武田との和議は応じるが、北条とのそれは言葉を荒げて拒絶している（「楢崎憲蔵氏所蔵文書」上越一三一〇）。

（5）　（3）冒頭参照

（6）　玉井氏の名は、一次史料ではないが『行田市史』所収の「成田御家臣分限帳（柴崎家文書）」の中に、その名が複数見える。玉井氏は一時的に羽生与力として、軍事協力をしていたと思われる。羽生木戸氏が衰退すれば成田氏に帰属するのは当然の帰結ともいえる。

「上杉禅秀の乱」等を扱った『湘山星移集』によれば成田・別符・奈良・玉井の四家は同族で、藤原道長の系統であるという。成田助隆の代に分かれ、戦国期成田氏の系統は安保氏系である事が研究史によって明らかにされている。前掲書にも四家は武蔵七党（丹党）の内ではないかと記されている（「尊経閣文庫蔵」埼記録2）。確かに「関東幕注文」中の成田氏幕紋は「月ニ三引両」となっている。月紋は丹治氏をはじめ、丹党系諸氏を代表する家紋である。

嶋田氏は成田領内の日向（現熊谷市）が出自であり、近年世に出た家伝の「嶋田家文書（現在は栃木県立文書館委託）」によって羽生木戸氏との関わりが一部ではあるが明らかにされた。

かつては羽生木戸・広田氏の在地支配に関しては、史料が全く見られないというのが定説だった。せいぜい領内の正覚院に宛てた判物が見られるくらいであった。それが「嶋田家文書」の出現によって、木戸忠朝の嶋田氏宛所領宛行状や官途状等の存在が明らかにされた。これらの史料は『行田市史』・『埼玉県史料叢書12』に収められている。

「嶋田家文書」によれば、天正十五年（一五八七）十一月一日付で嶋田内膳宛「佐野氏忠朱印状」が発給されている。「小見之郷（佐野市）・戸奈良（佐野市）において三貫三百五十文、御料家之田地を知行として与える」という内容である（埼叢八三六）。氏忠は、長尾顕長との合戦で戦死を遂げた先代宗綱の跡を継いで、北条家から佐野家養子に入り宗綱の娘を室とした。といっても、事実上は乗っ取りであり、佐野領は後北条領国に包摂された。

（7）　顕宗は、後北条他国衆としては由良・成田氏に次ぐ有力国衆として活躍した。関東を二分し、佐竹氏ら東方連合軍と北条軍が対戦した天正十二年（一五八四）のいわゆる沼尻（藤岡）合戦では、成田氏長の忍勢も動員され主戦場である藤岡に移陣した。勝敗は決しなかったが、この時、北条氏照は十二月十五日付で顕宗に書状を送って「〈前略〉去十二日藤岡表夜逃ニ敵敗北候、畢竟於茂呂・堀口堅固之御備故、如此敵早々退散、本望存候〈以下略〉」と述べており、（御家中が立て籠もった）茂呂・堀口両城の守りが堅かった為に敵は夜逃げの敗北をした、そう称賛している（「色部文書」行324）。前略の部分に「馬見塚以太（大）和守蒙仰、一段本望候」という文言があり、顕宗は配下を率いて藤岡まで参陣し、馬見塚大和守以下の家中は茂呂・堀口両城に籠城したと考えられる。敵とは前年、後北条氏に敵対して東方勢に味方した由良・館林長尾勢の事だろう。

　天正十八年（一五九〇）の小田原合戦では、豊臣方の史料である「毛利文書」にある北条家人数覚書には、那波氏の名前は載っていない。が、顕宗自身は小田原城に籠城したと思われる。この頃、鉢形城に籠城していた北条氏邦が領主ではなく、「那波殿御領分川辺五郷」宛に、五月六日付で朱印状を発給して「鉢形之者共、横合非分致之間敷候」と述べている（「伊勢崎市相川考古館所蔵石倉文書」群二九〇五）。同二十三日には氏政が、当主氏直が病の為、那波衆の相論を裁定している（「大阪城天守閣所蔵宇津木文書」戦国遺文　後北条氏編三三一八）。今村城には顕宗の一族が籠城していたのだろう。

　既に五月一日の時点において今村城に近い小泉城は開城されており、籠城していた富岡新三郎は上杉方の木戸元斎に取成しを頼んでいる（後述）。同じ頃、今村城も降伏していたものと考えられる。『鎌倉九代後記』には落城した上野諸城の中に、「那和」とある（「内閣文庫蔵」埼記録2）。

（8）　木戸兵部（少輔カ）は古河公方晴氏の近習と見られ、木戸もそうだが他に海老沼・梶原氏など鎌倉期から足利氏に仕えていた直臣と思われる近習らも戦死を遂げている（赤城神社年代記録）。年未詳とされるが、五月晦日付で晴氏の父足利高基が小山小四郎に宛て、「今日当城（古河）へ晴氏指懸数刻及矢師候、当地堅固候、此度一途被走廻候者、可喜入候〈以下略〉」と述べている（「小山氏文書」埼叢　付一〇四・戦国遺文　下野編四〇一）。高基・晴氏父子の抗争と五月という時期を重ねると同書状は、この時のものではないだろうか。木戸兵部は「正木文書」（『群馬県史資料編5　中世1』）中の、岩松持国闕所注文に記される木戸兵部少輔の子孫と思われる。同史料では（押領されている）下野国の牧野之郷（芳賀郡茂木町カ）が同氏の知行分になっていると訴えている。

　後北条系古河公方である義氏の直臣団に木戸氏の名は一切見られないから、「反後北条派関東公方」の藤氏に仕えた木戸左近大夫将監が最後の古河公方反主流派の一人だった。こちらは木戸兵部少輔の系統と考えられるが、木戸孝範の血筋である羽生広田・木戸氏とは、今現在は史料の上では接点がほとんど見えてこない。ただ木戸名字の家系には、貞範・氏範であるとか範懐・範実といった、諱に共通して「範」という字が見られる。兵部少輔・左近大夫将監の諱は不明だが、同族の可能性は大いにあろう。

　太田道灌の客将であった木戸三河守孝範は『鎌倉大草紙』や『梅花無尽蔵』にも記されているとおり、道灌の築いた江戸城内において彼らと歌合をするほどの一流の歌人であった。その歌学は、孝範の娘から孫の木戸大膳大夫範実（法名正吉）に受け継がれ、更には忠朝の子――和泉守範秀（元斎）、その養子である佐河田昌俊まで続いていく。

　冨田氏によれば、和泉守範秀とは、米沢藩の「三重年表」に「木戸伊豆守忠朝ハ〈中略〉二子アリ次男ハ小七郎武州羽生城ニ生レ後和泉守範秀ト云剃髪シテ元斎寿三ト云代々歌学ヲ業トス〈以下略〉」（『山形県史資料篇　第3』所収）とある事から、元斎であるとされた。但し、羽生木戸氏時代の一次史料に「和泉守範秀」の名が記されたものは現在見つかっていない。

（9）　この場合、「反主流派」とは反北条派という意味で用いている。

　かつては足利直臣として木戸氏は上杉・二階

堂・高氏らと並んで鎌倉公方奉公衆の中心的存在であったといえる（鎌倉公方足利基氏近習連署奉加状『六波羅蜜寺文書』）。永享の乱以降、度重なる関東内乱において終始公方側の先頭に立って戦い続けた本家筋は多数の戦死者を出し、大きな打撃を受けていた。『鎌倉九代後記』中、天文二十三年（一五五四）の晴氏挙兵の記事に木戸氏の名が見えないのは、既に同氏が奉公衆の中核を構成する軍事力を失っていたか、或はその頃、心ならずも義氏に従っていたと考えられる。しかも永禄三年（一五六〇）五月、失意の晴氏は関宿城において死去してしまう。本家筋同様、居場所を失いつつあった羽生広田・木戸氏らも古河公方奉公衆の「反主流」となっていかざるを得なかった。

越相同盟頃の一次史料には端的だが、羽生広田・木戸氏が公方「反主流派」だった事を示しているものがある。推察可能な史料は二通あり、両方とも義氏から木戸忠朝に宛てられたものである。

足利義氏書状写〔喜連川文書案〕一『行』248

名字之儀、御赦免付而、以代官申上候、然者太刀・青蚨進上、目出度候、仍御剣被遣之候、謹言、

（永禄十二年）九月廿三日　　（足利義氏）日下

木戸伊豆守（忠朝）

足利義氏受領状〔古河歴史博物館所蔵文書〕『埼叢』付六三

国遷之事、申上候、御意得候、謹言、

（年未詳）卯月朔日　　（足利）義氏（花押）

木戸三河守殿（忠朝）

忠朝の三河守受領は年未詳とされている。（今更とも思えるが）先に掲げた木戸名字赦免の義氏書状の翌年あたり――越相同盟が維持されていた時期のものだろう。但し、史料上では忠朝は三河守を名乗った形跡はない。

二通とも、忠朝が再び古河公方奉公衆に連なる事を願った所産といえるだろう。言い換えると広田・木戸兄弟にとって「命綱」ともいえた、

越相同盟の長期維持である。上杉・北条の結束により、註（3）で述べたとおり謙信が義氏を古河公方と認め、北条が謙信を関東管領と認める事により、「公方―管領体制の復活」を期待したのである。義氏から認められた木戸姓と三河守の官途は広田・木戸兄弟にとって、自他共に曽祖父である木戸三河守孝範を意識させる、いわば最大の「ツール」であった。――しかし、彼らが期待した「公方―管領体制」の時代が再び訪れる事はなかった。

越相同盟崩壊直後である元亀三年（一五七二）一月十日付で、謙信が広田直繁の子である菅原左衛門佐（為繁）に与えた判物がある（「謙信公御書」一上越一〇八〇）。名字を菅原から畠山に改めたいという同氏の願いを聞き入れたもので、既に直繁は死去していたと考えられる。この時点でおそらく左衛門佐は「越・相の手切れ」を知らなかったに相違ない。父の死に、強い危機感を感じた結果の対応策として畠山氏を名乗る事で忠朝同様に、公方奉公衆に連なる事を願ったのだろう。室町時代の関東畠山氏は源氏で、足利氏に従っていた。家紋も古河公方重臣の一色氏と同じ「引両紋」である。左衛門佐もまた越相同盟崩壊により、畠山姓を名乗る事はなかった。だが、これらは戦乱の北武蔵を必死に生き抜いた国衆の一つの姿であり、証しであろう。

（10）　別掲（P171・172の表）

番号	年月日	差出人	宛名	内容	出典
1	天正元年八月八日	上杉謙信	菅原左衛門佐	作戦指示	謙信公御書一（上越一一六九）
2	天正元年一二月二五日	上杉謙信	玉井豊前守	作戦指示（越山の延期等）	下条文書（上越一一八一）
3	天正二年三月一三日	上杉謙信	木戸伊豆守 同　右衛門大夫 菅原左衛門佐	戦況報告	西澤徳太郎氏所蔵文書（上越一一九三）
4	天正二年三月二八日	上杉謙信	木戸伊豆守 同　右衛門大夫 菅原左衛門佐	作戦指示	謙信公御書一（上越一二〇一）
5	天正二年四月一日	上杉謙信	木戸伊豆守 菅原左衛門佐	作戦指示 戦況報告	秋元興朝氏所蔵文書（上越一二〇二）
6	天正二年四月四日	上杉謙信	木戸伊豆守 同　右衛門大夫 菅原左衛門佐	戦況報告 作戦指示	上越市　個人蔵（上越一二〇三）
7	天正二年四月一三日	上杉謙信	木戸伊豆守 同　右衛門大夫 菅原左衛門佐	戦況報告・心情吐露（佐藤ばかものニ候）	志賀槇太郎氏所蔵文書（上越一二〇四）
8	天正二年四月一六日	上杉謙信	菅原左衛門佐	戦況報告（赤石向今村城取立）	謙信公御書一（上越一二〇五）

9	天正二年五月二四日	上杉謙信	菅原左衛門佐	激励	謙信公御書一（上越一二〇七）
10	天正二年六月二二日	上杉謙信	菅原左衛門佐	心情吐露・激励	謙信公御書一（上越一二一二） 謙信公御書一（上越一二一二）
11	天正二年七月二六日	上杉謙信	木戸伊豆守 同　右衛門大夫 菅原左衛門佐	陣触 七月二六日の出陣	謙信公御書一（上越一二二一）
12	天正二年八月二二日	上杉謙信	木戸伊豆守 同　右衛門大夫 菅原左衛門佐	戦況報告（加賀迄放火）・越山の決意	謙信公御書一（上越一二六六）
13	天正三年五月一二日	上杉謙信	菅原左衛門佐	返信	長岡市立中央図書館所蔵（上越一二五二）
14	天正三年五月一二日	上杉景勝	菅原左衛門佐	返信	歴代古案巻二（上越一二五三）
15	年未詳 一月三〇日	上杉謙信	菅原左衛門尉	年賀返答	歴代古案巻二（上越一四〇一）
16	年未詳 七月二六日	上杉謙信	（今川家中ヵ） 興津大膳亮	激励	上杉家文書（上越一四四四）
17	年未詳 一〇月一〇日	上杉謙信	菅原左衛門佐	激励	維宝堂古文書（上越一四五八）

(11)（天正二）壬十一月七日付、白川（義親）宛山吉豊守書状（「楓軒文書纂（ふうけんもんじょさん）第九十」上越一二三七）に「今度謙信向此国ニ出馬、幷会津・白川・佐竹御一和之儀ニ付而、御使僧喜悦之由候、彼御詰之義、大方佐江（佐竹氏）被申届〈以下略〉」とある。しかし、結局のところ三者の和議は成立しなかった。

(12)　越中に向けて出陣した謙信は元亀三年と思われる九月十日、厩橋城援護の為、沼田城に詰めていた後藤勝元・栗林政頼・本庄清七郎に書状を送り、「自祢知（糸魚川市）如註進者、敵退散〈中略〉余之衆を可越候間、上田衆者爰元へ可越候、栃尾衆者後藤付添、先可有其元候〈以下略〉（傍点は筆者）」と述べている（「東京大学史料編纂所所蔵栗林文書」上越一一一七）。根知城からの注進で、厩橋城を窺っていた敵（北条・武田）が退散したと聞いて、沼田の栗林ら上田衆を越中の陣に呼び寄せ、「栃尾衆は後藤に付き添い、まず其の元にあるべく候」といっている。〈以下略〉の部分では、上田の者がこちらに来たら、その代りとして栃尾衆を根知に入れろといっているから、後藤もまた栃尾衆を率いて越後の端まで後詰に駆り出されたわけである。

　ただこれだけでは後藤氏が栃尾衆であったという事にはならない。栃尾は栖吉城主であった古志長尾氏の勢力下にあり、謙信の母は同氏の出であった。謙信が景虎時代に越後統一の足掛かりとした栃尾城は、府内政権にとっても越後中郡・下郡を抑える有力な支城であり、古志栃尾衆は謙信直属の軍事力、つまり旗本を構成していた。本庄清七郎の父である実乃は謙信の老臣であり、与板の直江・三条の山吉氏と並んで奉行人として上杉氏の政務を担った。彼ら三人はいずれも中郡の長尾上杉譜代である。栃尾城の北には、下田（三条市森町）長尾氏の高城があり当主藤景は一時、上杉奉行を務めていた。他にもこの地域は斎藤・北条・安田等と大身の領主（国衆）が城郭と城下町を構えて、上杉奉行人や有力軍役衆を構成していた。上杉氏に対して半独立的存在の阿賀北衆を抑える為には、直江・山吉ら譜代の他に、府内政権に比較的早くから臣従した柿崎氏等の上郡及び中郡の大身国衆の力が絶対的に必要であった。これらを加えて、景勝の上田衆、十郎景信ら古志長尾一族、狭義の旗本である府内・春日山城を固める馬廻り衆が謙信出馬の際の中核軍隊であった。後藤勝元もおそらくは次の史料に見られる大関・金井（今井）氏らと同様、古志栃尾衆として旗本の扱いであったと考えられる。

　永禄三年（一五六〇）五月、関東越山の日程が具体化しようとする頃、上杉氏の求めに応じて、大関勘解由左衛門尉定憲ら七名は連署の起請文を提出している。

　敬白　起請文〔上杉家文書〕『上越』二〇六

右意趣者、今度当郡（古志郡）御鑓御せんさく（穿鑿）ニ付而、吾等私領所納之義、
少もわたくしなく、御日記ニしるしさし上申候事、
一、御くんやく（軍役）之義并御ようかひふしん（要害普請）以下、少も御うしろくらくなく可致之事、
一、玖介ニたいし、於何事も、任　御諚、可走廻候事、

もし此旨於偽申ハ、府内六所こんけん（権現）・弥彦大明神・二田大菩薩・蔵王こんけん、
別而、すもん（守門）大明神、惣而日本国中大小之神祇之御はつを可蒙者也、仍如件、

渡辺将監　綱（花押血判）
大関平次左衛門尉　実憲（花押血判）
大河戸市介　忠繁（花押血判）
山沢与三郎　兼（花押血判）
永禄三年
奉納
五月九日
金井修理亮【越佐史料では今井】入道丸　重（花押血判）
大関勘解由左衛門尉　定憲（花押血判）

本庄玖介殿
宇野佐馬允殿
御中

起請文一行目の「御鑓御せんさく」とは、地下鑓の戸数調査と見られるが、関東遠征の軍事動員というよりは地元城郭の防衛・普請役が主で、関東越山等によって生じる国内軍事体制の空白を埋めるものだったと考えた方が自然である。だから三行目の、「御くんやく之義幷御ようかひふしん」に後顧の憂いなく専念する事を誓っているのだろう。

起請文で入道丸の後に署名している金井氏は、栃尾城山麓の曲輪にその名字が冠されている。すぐ上は後藤曲輪と冠されている(「栃尾城の縄張り図」鳴海忠夫氏による―『新潟県の合戦長岡・柏崎編』いき出版　二〇一一年)。金井曲輪も後藤曲輪も家臣の屋敷跡と考えられるが、何時の時代のものかわからない。同城は南北朝時代に宇都宮氏の重臣・芳賀禅可によって築城されたという(前掲書)。

地域の伝承では、近くの葵谷(わさびだに)に後藤氏の城(石戸城)があったというが、南北朝時代の応安年間(一三六八～一三七四)に滅んだという。但し確かな文献はない。『越佐史料』巻一―七六九に、嘉禎二年(一二三六)評定衆によって「後藤左衛門少尉藤原基綱　五月十九日任佐渡守」・南北朝時代の康永二年(一三四三)、巻二―四四六　五八九に、越後国小泉庄「後藤信濃入道等闕所分」についての記事が、それぞれ見られる。しかし戦国越後における後藤氏との関係はわからない。

ただ、時代は下って天文八年(一五三九)十月十七日(伊達軍小泉庄侵入の頃)、色部氏重臣の田中長義・同長種が連署で、当時の府内政権(長尾晴景)の使者と思われる後藤新六宛に書状を出している(「反町英作氏所蔵文書〔色部氏文書〕」新一〇八一)。使者を務めた後藤新六は、左京亮勝元本人か、その父親であろう。

当時の阿賀北は下克上による内乱が続き、色部家中においても先の田中長義は本庄氏の領内に逃げ込んだ事があり、本庄繁長の父である房長が仲裁に入って収めている(前掲書一〇九三他)。――これも「近所之儀」である。こうした阿賀北の政情不安の中、同地に縁もゆかりもない人間が使者に立つとは考えにくい。越後後藤氏の出自は、元々は鎌倉時代に領地のあった小泉庄であった可能性がある。南北朝以降、三条時代の長尾氏に仕えてその偏諱を受け、新六を名乗っていたのだろう。

なお栖吉城主であった十郎景信は上杉の名跡を与えられ一門衆として遇されている。「名字尽」では、上野衆の次に上杉一門・客将の先頭で記載されている。旗本の奉行であった河田長親は古志長尾氏を継承して、領内の椿沢寺に「上様御判形之筋目」として寺領における守護不入を認めた安堵状を発給している（「見附市　椿沢寺所蔵」上越三一六）。

(13)「山形県　西澤徳太郎氏所蔵文書」（『群』二七五五）

(14)「栃木県　鶏足寺文書」（『群』二七五三）

(15)（年未詳）七月九日付、岩上筑前守（小山秀綱家臣）宛山吉豊守書状（「山中文書」越佐四―四〇五）に、河田伯耆守は「河田豊前守伯父ニ候而」とある。同書状は＝『戦国遺文』下野編―一〇一八号では「天正二年ヵ」としている。

(16) 註(12)文中―大関定憲等七名連署起請文（「上杉家文書」『上越』二〇六）参照。

(17) 四頁参照―（永禄十一年）一月八日付、松本石見守・河田伯耆守・小中大蔵少輔・小国刑少輔・新発田右衛門大夫宛上杉輝虎書状（「雙玄寺文書」上越五九一））

(18) 元亀二年（一五七一）と思われる五月二十八日付、栗林二郎左衛門尉（政頼）宛の謙信書状（「東京大学史料編纂所所蔵栗林文書」上越一〇五〇）には、「沼田為加勢、其儘有詰、浅貝之寄居普請成就、殊軍役之外ニ五十余人之足軽差置之由、喜平次（長尾顕景）者共毎時辛労、感入之候」とあり、浅貝寄居城（新地）の普請が完成して栗林氏ら上田衆の軍役の他に、足軽五〇余人が置かれる事になった。

（19）　同年と思われる七月一日、国分・栗林両氏宛上杉謙信書状（上越一〇五二）では「敵不時ニ新（浅貝）地取詰之由申越候間、即喜平次者共差遣候処、敵退散之由、いつも〳〵辛苦させ痛敷候、此段以下之者迄も可為申聞候、加地（春綱）衆ニ大石（芳綱）・山下差添新地江越候」とあり、浅貝に迫った武田勢を、栗林ら上田衆が撃退した事を称賛している。「いつもいつも辛苦させ痛み敷き」とは、いかにも謙信らしい。まさに景勝を筆頭とする上田衆は、古志栃尾衆と並んで武人謙信にとって、なくてはならない「手足」であった。

（20）　註（13）参照。

沼田一族は、Ⅱ章で触れた永禄七年（一五六四）三月の和田城攻めの時点において、攻城戦には加わっていなかったのでは、と考えられる。上杉輝虎書状には、前述のとおり白井長尾氏を案内者として北条（高広）・箕輪（長野）・横瀬・宇都宮・佐竹・足利長尾等、多くの上杉方国衆の名が見える。が、どこにも沼田氏の名は見当たらない。続く同八年から九年にかけての、常陸小田城攻めに関連して作成したと思われる関東衆軍役覚（浅間文書）にも、結城・小山・榎本・佐野・横瀬・長尾但馬守・成田・広田・木戸・簗田・富岡主税助・北条丹後守とあり、次に沼田衆〈以下の諸氏は略〉とある。各々名の下に二百騎・百騎…と諸氏の兵力が記されているが、上杉関東衆の中核たる上野諸氏の中で、沼田衆だけが具体名もなく兵力の記載もない（「謙信公御書」六　上越四八一）。これは謙信直属の河田・松本らの沼田越将であり、北条丹後守の下にも兵力の記載がない。越将は関東国衆と違い、軍勢催促の対象ではないからだ。

――やはり上杉氏にとって、「関東境目」の沼田城は、その重要性からいって直轄化するしかなく、沼田一族は謙信越山の比較的早い段階から同地を追われていたのではあるまいか。軍紀物だが『加沢記』中の、沼田一族が内紛を起こし城を追われた（川場合戦）、という記述は年代を除けば、ある程度信用に足るのではないか。

(21)「如意寺宝篋印塔銘」(『群』二九〇四)
造立　石塔一基　奉為謙信法印
　天正戊寅四月　日

(22) 天正二年(一五七四)八月三日、関宿・羽生城危急存亡の頃、謙信が一門衆の上条政繁・上杉景信、本庄清七郎らに宛てた書状には、「南衆出張候由、只今午刻自厩橋之注進候間、最前ニ如申付候、早々其地塩沢ヲ打立、至于倉内着城簡心ニ候、畏(愚老カ)入事者、明日出馬候、弥儀待入候」とある(傍点及び右の括弧内は筆者・「歴代古案」巻一　上越一二二二)。

書状には刻限が記されているから緊迫した情勢の中、謙信は厩橋に向かった北条勢に対して、塩沢から沼田(倉内)に上条氏らの先発部隊を送り、自身は八月四日に出馬するといっているが、越中・加賀方面で手こずっていたらしい(前述の上越一二六六　一二六七)。利根川を越えたのは、十一月七日であり(那須修理大夫宛謙信書状　上越一二三二)、八月末から二ヶ月余の期間、謙信の動きは史料上の空白となっている。円蔵寺所蔵文書(同一二七七)の内容から見て、春日山出馬自体は八月二十二日だろう。しかし無理が祟ったものか、越中を気にしてか、暫く塩沢辺りに留まっていたのではあるまいか。

万里集九も通過した塩沢は三国街道上の大変重要な地点である。井上鋭夫氏の名著『日本歴史新書　謙信と信玄』(至文堂　昭和39年)によれば、「府内より安塚(直嶺)・松之山を経て塩沢で本街道(三国街道)に接続する路線があり、途中山険が多いが、軍旅急行の捷径(しょうけい)(近道の意)として室町時代からよく利用された」とある(振り仮名・左右の括弧内は筆者)。

また同地は坂戸城の南、樺沢城・君沢城等が連なる上田衆の拠点であり、越山に至る最終の軍勢合流地であり、北条・武田の越後侵攻を食い止める一大防衛拠点でもあった。小規模な浅貝寄居城は背後に塩沢の上田衆が控えていたからこそ機能を発揮し得たといえる。上杉軍は塩沢を出たら、越山＝三国峠を越えるしかないのである。

（23）佐野市制5周年記念・第52回企画展「唐沢山城と佐野氏」展示資料　平成二一年一〇月一〇日～一一月二三日
　開催　佐野市郷土博物館
　共催（財）佐野市民文化振興事業団

（24）「関東幕注文」にも名が載る松島氏は桐生衆であった。謙信晩年の在城地は特定できないが、桐生城の支城域である黒川谷（渡良瀬川渓谷沿い）に配置されていたと考えられる。天正元年（一五七三）に桐生城が由良氏によって攻略されると「境目の地」を抑える領主として、上杉氏と東方――佐竹・宇都宮氏等反後北条勢力との連絡に欠かせない存在となっていった。天正六年（一五七八）と思われる二月十六日付、松島駿河守宛梶原政景書状写（「丸山千里家所蔵文書」埼叢四九六）には「自佐・宮・結城、越府へ御使被指越候〈中略〉路次事無相違節頼入候」とある。この頃は、関宿はいうに及ばず常陸・下野の一部も後北条氏の勢力下にあり、佐竹方の政景が使者を越府に遣わすのも「通路不自由」の有様であった。黒川谷の松島氏・根利出入口にあたる上神梅を抑える阿久沢氏の協力がなければ赤城山東山麓を通る根利道を行く事は叶わなかっただろう。

　御館の乱が勃発して間もない（天正六年）六月十八日付、松島駿河守宛北条氏照書状写（埼叢五〇八）にも「抑境目地ニ有之〈中略〉沼田・厩橋・大胡之事、当方へ被相談〈以下略〉」とある。この場合、後北条氏にとって三郎景虎支援の為には、越後・沼田と東上野を中継する「境目の地」は何としても確保せねばならなかった。

（25）十一月七日付、山内殿（謙信）宛の佐竹義重書状（「上杉家文書」上越一二三〇）に「猿窪地御近陣、則被責落、男女共不残被討終之由、不始御刷、不及是非候」とある。同日付、ほぼ同内容で厩橋北条父子にも宛てられている（「歴代古案」巻五　上越一二三一）。

　十月十八日付、由良刑部（国繁）太輔宛足利義氏書状（「山田郡　園田文書」群二七九二）では「然者谷山落居之由、一段無心元候、併楯籠人数無恙

之由簡要候」とある。つまり猿窪城は攻め落され、籠城していた男女は皆殺しにされたが、谷山城では籠城衆は城を放棄して逃亡——自落したという事になる。

この二通の書状は、『上越市史』や『群馬県史』等では羽生・関宿両城が落ちた天正二年（一五七四）に比定されている。ただ同年十一月二十四日申刻付、那須修理大夫（資胤）宛上杉謙信書状（「栃木県立博物館所蔵」上越一二三二）では「南軍（北条氏）関宿取詰難儀之由註進候間、為後詰令越山、去七日利根越河、鉢形城下・成田・上田領悉放火〈中略〉」とあり、北条軍に包囲された関宿城を救わんと十一月七日に利根川を越えて進軍、鉢形・成田・上田領に放火して背後から北条氏を牽制した。しかし「簗中（簗田中務大輔晴助）被申越分者、関宿取詰凶徒不退散由候間、足利・館林・新田領悉放火」して——二十二日には古井名沼（佐野領越名沼カ）際に陣取った。昨日は小山秀綱・簗田中務大輔を招いて軍議、明日は小山に進軍する……こうした報告をしながら資胤に参陣を要請しているのである。書状のどこを見ても、桐生仁田山地域での攻城戦は記されていない。日付には、刻限（申刻）も入っているから緊急時のものである。

猿窪では「男女共ニ悉なてきりニ成之候、此上仁田山之普請申付、又沖中江可打出候由思候、余可無心許候間、先及一翰候」とある（十月十九日付、太田三楽斎（資正）宛上杉謙信書状「太田文書」上越一二二八）。仁田山の普請を申付け（一部の越軍を残し）、平野部に出ようとしたが余りに心許無く、まずは書簡をと思った次第である。——そう解釈できよう。

Ⅱ章の註（8）で触れた「北爪右馬助覚書」を見れば、攻城戦は相当に味方の死傷者も出ており、謙信はこれ以上の進軍をためらい（余りに心許無く）沼田まで引き揚げたと、とれる表現である。——「きりう（桐生）さかくほの城ゑんこく（遠国）より御せめ被成候時、竹たはのはさくまさしニ（我等）いまい（今井）助之丞と申者、いまい（今井）与兵へと申者三人被仰付候時、御はなさき（鼻先）御がんせん（眼前）ニゐてくひ一ッとり申、此両人ハ其時うちし（討死）に仕申候、拙者もしかい（死骸）同前のておい（手負）申処、やかた様御意おもつて御引取被下候、此御ほうひ（褒美）としてくら（倉）内ニおいて御蔵米百石被下候〈以下略〉」(「北爪右馬助覚書」群三六九二)。命により、今井助之丞、与兵衛と我ら三人が竹束の柵を突破して(屋形様の)御眼前で首を取りましたが、今井両人は討死し、自分も瀕死の重傷を負って屋形様の御厚意で引き取られ、倉内城にて御褒賞として御蔵米百石を頂きました。という。要はこれ以上、上杉軍が進軍できるような状態ではなく、沼田に引き揚げた事を示していると考えられる。北爪らはおそらく物頭として、真っ先に敵陣に突入する役割を背負っていたのだろう。なお、北爪が倉内(沼田城)にて蔵米を貰ったという事は、同領における上杉料所の存在が再確認出来よう。

猿窪城の凄惨な攻略は、九月十四日付、由良刑部太輔宛足利義氏書状写にある「去五日、黒河谷寄居二ヶ所打散、其上同八日、於御覧田根小屋、沼田衆三百余人討捕〈以下略〉」(「集古文書」群二七八三)という、由良氏の攻撃に対する報復ではないだろうか。以上の事から、これらの戦いは天正二年ではなく同三年であると考えられる。

大体、関宿・羽生城が落城しそうだというのに渡良瀬川を越えて尾根筋に入り、桐生領山間部の小取出を攻略するだろうか。由良氏にとっても、天正二年の秋は羽生・関宿両城救援の為に、上杉氏が再び越山、東上野の自領に来攻してくる事は十分予想されていた筈である。そんな時分に沼田領黒川谷を襲撃する事自体、不自然である。

いずれにせよ謙信はその後も、かつて勢力圏であった桐生領を回復できず、渡良瀬川流域(黒川谷)とその支流である山田川・小平川流域の尾根筋(由良領との境目の地)を確保するのが精一杯という状況であった。その為に渓谷を見下ろす要害山上に高津戸城を取立てたのだろう。

(26)　(天正四年)七月二十七日付、直江大和守(景綱)宛吉川元春書状(「上杉家文書」上越一三〇一)によれば「上位様(足利義昭)至当国被移　御座、御入洛之儀、被　仰出候〈省略〉越・賀被遂御和睦、北国衆被召具、急度織田方分国可有御出馬之旨、

被仰聞候〈省略〉貴国之儀、甲・越・相御和融被仰談、可被抽御忠儀事、尤珎重存候〈以下略〉」と述べている。――信長と対立、将軍の座を追われた義昭は西国の雄である毛利氏を頼り、備後国鞆(広島県福山市)にあった。石山本願寺を支援して織田軍と対戦していた毛利氏は、元将軍の義昭を迎え入れて名目上は反信長連合の「盟主」とし、武田氏が没落した事もあり強力な「東の味方」を必要としていた。

義昭は盛んに「御内書」を送って上杉氏を陣営に引き入れ、入洛を目指していたから、その二大障壁ともいうべき上杉対北条、武田連合、加賀一向一揆との抗争は取り除かねばならない大きな問題であった。加賀一向一揆との和睦は謙信の一大決心の元、成立したが、しかし註(4)で示したとおり、義昭の強い要請があっても北条を含めた三者の和睦は実現しなかった。

なおこの時、北条・武田氏は三和を了承していた(「南行雑録」越佐五―三四八　三四九「松平義行所蔵文書」同書―三六二)。人によっては「三和は成立した」とする見解もあるが、前述のとおり天正六年(一五七八)の陣触は北条との対戦を宣言しており、上杉・武田のみの和睦である。

上杉・武田の抗争は天正四年(一五七六)丙子九月二十八日付、原左京亮宛武田勝頼感状にある「今度新田表為物見指遣之処、於茂呂(伊勢崎市)敵数多襲来候刻、其方踏留、歴々者討捕〈以下略〉」という、いわば「遭遇戦」が最後のようである(「福島県　漆原文書」群二八五二)。但し『赤城神社年代記録』には、「(天正)四丙子八月八日二宮社頭南方氏政勢打破ル」とある(傍点筆者)。実際に武田勢が戦ったのは、当時上杉に属していた二宮赤城神社の神人勢ではないだろうか。

(27)峰岸純夫氏の著書『中世の東国　地域と権力』―一五六～一六〇頁。――「長楽寺永禄日記」中、永禄八年(一五六五)の二月から三月にかけて行われた新田領主横瀬(由良)氏による、矢場公事(訴訟)に関する記録(長楽寺住持義哲書状写『群』二二七二、二二七五等)から「永禄七年

（一五六四）に撰銭令ないしは何らかの精銭通用令が出たと考えざるをえない」と結論された。

長楽寺領の農民が横瀬氏家臣の石橋与三左衛門尉に大豆を売り、代金が悪銭で支払われた事に対して、義哲は「去年以来近庄近国以一銭取引申処ニ、如此悪銭ニテハ買売不被致候〈以下略〉（傍点筆者）」と、金山城の安生軒（横瀬氏）に宛て、訴えている（群二―二七二）。悪銭は形の崩れた粗悪な鋳造で、銅銭一文の精銭としては通用しないから、「掴まされた」方は大変である。しかし結局のところ、義哲らの訴えは通らなかったようである。

由良氏・成田氏といった有力国衆が、短期間で長尾上杉氏の陣営から離れていったのは、後北条氏分国との境目にあって領民が日常生活において、「撰銭令」のように絶えずあちらの経済圏の影響を受けざるを得ない、いわば重層的な社会経済地域にあった事も大きかったのではないだろうか。

(28)　（天正十七年）十二月二十八日付、（宛所切断、富岡氏宛）北条家朱印状には「新三郎為将、一勢可相立候、其品〻、十本大小旗、廿本鑓、廿騎　馬上、十人　弓鉄砲、以上六十人、此分相調、来正月十五日、当地（小田原）迄可打着候事」とある。しかし本論の後述――木戸元斎への書状でわかるとおり本拠地の小泉城に籠城、降伏したのは当主の弟の新三郎であり、軍勢を率いて小田原城に入ったのは当主の六郎四郎という事になる。

(29)　天正二十年（一五九二）、豊臣秀吉から上杉景勝は朝鮮渡海の命を受け、肥前名護屋にあった。阿賀北の有力領主である色部長真も在陣していたが、慣れない土地で病に倒れてしまう。養生の為、京都に逗留するも癒えず、余命幾ばくもない事を悟り、色部家当主として、最後の力を振り絞るように上杉家執政の直江兼続に家系存続の頼みごとをしている。取次いだのは、長真覚書の宛名となっていた直江家執事の大石播磨守と木戸元斎である。

古案記録草案　二〔米沢市立図書館所蔵〕『色

部史料集』一一二九頁　井上鋭夫編　新潟史学会刊

覚

一、今度、就拙者煩（わずらい）、御暇（おいとま）被下、被帰置候事、御在陣中之処ニ、誠以御芳恩之至、過分共、忝共、難懸筆舌候。単（ひとえ）ニ旦那御取成（とりなし）故与忝存候。二度可致本復覚悟不存候。然者野拙在世之名残ニ申立候。旦那御次女申請愚息ニ契約申度候。幼少之事与云、如此之儀第一不肖与云、憚ニ候へ共、始末奉伍事ニ候間、御納得候様ニ御取持此時候。一遍之御挨拶承届、心安罷登度候。第一家中之族迄、是旨侘言申候間、御納得之一言承届、来世之安堵ニ致之度候。御才覚憑入候事。

一、拙者女子一人候。是又旦那御養子ニ何方へも身上被曳立可給候。任入候事。

一、拙者指（さしたる）御奉公不申上候へ共、別而御情過分存候所、家中之者共無二存詰候間、於死後茂不可致違背候旨、堅申含置候条、被加御詞、御介法之儀奉任候由、旦那江御心得憑入（たのみいり）候。今生後世芳志此時迄ニ候事。

天正廿年

八月十七日　案書

大播

元斎

かつて川中島参陣を拒んだ事もある大領主色部氏でさえひれ伏すほどの実力者となっていた執政兼続は、謙信時代の重臣直江氏と比べても別格の存在であった。武蔵出身の他国衆である大石、木戸に対しても気を遣い、長真は重病の身をおして我が子と兼続次女との婚姻、引立てを願い、家の存続と繁栄を気にかけながら兼続に平身低頭、執念の頼み事をしたのだ。時代は確実に変わっていたのである。元斎が執事として、直江氏近くにあって阿賀北衆の取次が出来たのは御館の乱以降、兼続の母体である上田衆と行動を共にしたと思われる事と、兼続が好学の徒であり歌道に熱心だった共通性もあるだろう。

(30)　福井藩祖の結城秀康に仕えた富岡氏の系統は、

故あって福井を退出した後、幕臣となって小泉氏を称し、武州豊島郡西箇原（東京都北区西ヶ原）に居住したという〔「結城富岡続　小泉氏大系譜　全（龍泉院所蔵）」『大泉町誌　下巻　歴史編』所収〕。

なお同町誌には、富岡氏の系譜として他に「富岡家譜（高崎藩士富岡藤九郎家旧蔵）」・「富岡氏由緒記」（旧高崎藩士　富岡藤九郎家所蔵、龍泉院にも藤九郎光重の奉献したものがある）・「富岡氏之記録（龍泉院所蔵）」（三河国渥美郡田原藩士、富岡秀倶の記したもの）と、合わせて四点が収められている。内容が一致しない部分もあるし、名前や石高等正確ではない所もあるが、全国に散っていった富岡一族の苦闘とたくましさが窺われて胸を打つものがある。

Ⅲ章【補足】　羽生城広田・木戸氏の自立

広田・木戸氏は古河公方晴氏・藤氏の奉公衆といっても木戸本家筋と違い、使者を務められるような側近ではなく、公方料所を現場で管理する「代官的身分」であったと考えられる。

例えば『六波羅蜜寺文書』中の、関東御所(足利基氏)近習連署奉加状に名のある木戸左近将監貞範の系統が代々名乗った「将監」とは、元々は衛府の官名であり、従六位上相当職である。これは当然、主君である鎌倉公方足利氏から与えられたと考えられよう。広田直繁が名乗った式部大輔は、正五位下相当職である。つまり将監よりも上の位になる。これは勝手に名乗っていたとしか考えられない。勿論、当時の武士の一般的な風潮である。古河公方奉公衆の中でも近習の立場であれば、そういうことはあり得ないだろう。

この他、天正二年（一五七四）の『喜連川家料所記』中、「向古河(むかいこが)近辺(加須市)　此郷去年迄従羽生致押領候」とある（埼記録660頁）。天正元年（一五七三）まで、足利義氏御料所である向古河を、隣接する羽生の木戸氏が押領していたという。義氏は永禄四年（一五六一）、謙信越山によって古河、関宿城を追われ、野田・一色氏ら側近と共に後北条氏を頼って相模に落ち延びていた。その隙をついて押領したと思われる。しかし、越相同盟により義氏が古河城に戻った後も、羽生に代って「唯今長尾成繍候間」とある（前掲同頁）。木戸氏が衰退した後、間髪を入れずに北隣の館林から長尾顕長が向古河を占領したのである。

永禄四年（一五六一）頃、首尾よく羽生が強大な近隣領主に先駆けて向古河を手に入れられたのは謙信の後押しもあったとは思うが、二人共、向古河の公方料所代官だったからではあるまいか。少なくとも古河公方晴氏の勢力圏であった羽生小松に天文五年（一五三六）、三宝荒神を奉納している事自体、永禄以前から広田・木戸氏は古河公方に関係のある羽生領内の領主であったのに他ならない。

永禄三年（一五六〇）に始まる長尾上杉氏の関東侵攻が、二人の領主としての自立心に火をつけたのではないだろうか。武蔵の領主層の中でも、いち早く馳せ参じた広田・木戸は謙信によって初めて羽生城将に取立てられたと考えられる。――彼らは謙信の越山に、羽生城の明日を託す。それは彼らにとって「大きな賭け」であった事だろう。

二人が天文五年、小松神社に奉納した三宝荒神御正体は、直繁・忠朝の銘があるのみで羽生城主とは刻まれていない。大体「享徳の乱」の頃は、羽生城という名称は一切登場しない。羽生の峰という名称はあるが、これはせいぜい物見台のついた小規模な寄居か取出だろう。

羽生城の築造年は、当時の文献つまり一次史料からは確認することができず不明である。謙信越山以前から存在していたとすれば、例えば、永禄九年（一五六六）一月二十六日付で当時の羽生城主――広田式部大輔直繁が発給した領内正覚院宛の判物がある（「正覚院文書」埼四五五四）。これは正覚院門徒中の人間が勝手に還俗することを厳禁したものだが、こうした城主あるいは奉行人の文書が天文

・弘治年間あたりに出されていてもよさそうである。が、今のところそうした文書は見当たらない。『新編　埼玉県史』発刊以降に世に出た、木戸氏同心であった嶋田氏の家伝文書などもあるから全くないとはいい切れないが……。

　忍の成田氏が築城したのであれば、その辺りをにおわせる書状などの一次史料が残っていてもよさそうであるが、やはりない。火災等なければ比較的残りやすい寺社宛の判物等でも、一番古いもので養明寺（羽生市下村君）・小松寺（永明寺）宛（永禄六年五月二十八日付、広田直繁判物写「武州文書」埼三七六）や、先程の正覚院宛等、永禄～天正期の広田・木戸城主時代に限って見られるのは、やはり永禄三年か四年あたりの謙信越山に伴う築城である可能性が高い。

　永禄三年十一月十二日付で、深谷上杉氏一族の市田氏に宛てた「長尾景虎条書写」と題される謙信の安堵状がある（「武家事紀」三十三　埼二八〇）。越・関連合軍による赤石要害（上野那波城）攻略が目前だった頃のものだ。

　近年御知行方之事、
一膝田（藤カ）秩父之事、
一広田・河田（直繁・忠朝）谷一跡事、
〈中略〉
一小田助三郎（成田長泰弟）方前事、

一相州御本意候上事、
　此条〻、曽不可有御相違状如件、
　　永禄三
　　　十一月十二日　　　　　　　　景虎
　　　　市田殿

　この史料も昔から様々な解釈があるが、要は約束手形である。北条氏攻略（小田原攻め）が成就した暁には、市田氏に、条々にある知行地を与えよう、としたものである。この時点で市田氏は、条々中の、当知行・由緒のあった不知行地を挙げてその安堵・宛行を条件に参陣したものと思われる。以前知行していて「押領」された土地の一つがおそらく「広田・河田谷一跡」であろう。かつて「武蔵七党」の一つともいわれる私市党の市田氏は現在の熊谷市を根拠としていたから、そうした由緒を主張したのかもしれない。裏を返せば、広田氏らは謙信越山において、いち早く上野に参陣し、羽生城将として大抜擢された事が窺われる。彼らが羽生城に移った後の、いわば闕所地を「広田・河田谷一跡」と表現したものであろう。

　ちなみに市田氏は謙信越山の頃は、『上杉家文書』にある「関東幕注文」中において深谷御幕（上杉憲盛）の家中に続いて「市田御幕　竹に雀」とあるから、深谷上杉系の人間が名跡を継いでいた（上杉一門の家紋は竹に雀)。元亀三年(一五七二)一月に、北条氏政が市田太郎に氏の一字を与えた史料(「武家事記」三十三　行260)の解説では、「成田系図」を引用して、成田氏長の妹の一人に「武州久下城主市田太郎妻」が見えるので、市田氏は成田氏の一族または親類であろう、と、している。しかし、永禄四年(一五六一)辺りと思われる幕注文作成当時は、市田氏は成田氏の一族扱いはされていない。

幕注文の中では、広田・河田谷(のちの木戸忠朝)氏は「武州之衆」成田下総守以下の「馬寄　羽生之衆」として記載されている。馬寄とは、与力のことでこの場合、成田長泰率いる忍勢の与力として位置付けられているということだ。家風とは違い、緩やかな服属関係である同心と捉える研究者もいるが、それならば他の諸氏のように同心と記されているだろう。例えば、武州之衆の須賀土佐守や鳩井能登守、本庄左衛門佐などは「同心」と付記されている。

関東幕注文は上杉の事務方が作成した小田原攻めの軍団名簿であり、広田・河田谷氏は以前から成田氏の風下に立っていたかもしれないが、一時的なもので決して恒常的に同心であったものではないと考えられる。だからこそ軍団編成上、臨時に忍勢の与力として「馬寄」と付記されたのではないだろうか。同じような軍団編成上の理由で、北武蔵の本庄氏も武州・足利衆両方に同心として記載されていると考えられる(本論Ⅱ章註参照)。

最後に「関東幕注文」武州之衆と羽生之衆以下十三名を家紋と共に掲げておく。

関東幕注文(「上杉家文書」埼記録639、640頁)抜粋

幕之注文　武州之衆

親類 成田下総守（長泰）　月ニ三引りやう
親類 同尾張守　三ひきりやう
親類 同大蔵丞　三ひきりやう
親類 同越前守　おなしもん
親類 田中式部少輔　をなしもん
同 野沢隼人佐　おなしもん
同 別符治部少輔　をなしく
同 別符中務少輔　おなしく
同心 須賀土佐守　二かしらのともへ
同心 鳩井能登守　かたくろ（肩黒）
同心 本庄左衛門佐　團之うちニ本之字
家風 山田豊後守　かたはミ
同 田山近江守　かたはみ
同 山田河内守　丸之内二ひきりやう
手嶋美作守　鷹の羽ニ梅花

小田助三郎（朝興）　すハま（洲浜）
家風
富沢四郎右衛門尉　丸之内二ひきりやう
馬寄（埼玉郡）ママ
羽生之衆
広田式部大輔（直繁）　梅之紋
河田谷右衛門大夫（木戸忠朝）　かたはミ
渋江平六良　くわのもん（窠）
岩崎源三郎　二本鷹之羽
藤田幕　ふたのかゝりの五つき地くろ
飯塚　五つき
桜沢　五つき
猪俣　五のかゝりの五つき
岡部長門守　丸之内十方（十万カ）
深谷御幕（上杉憲盛）
竹に雀
秋元掃部助　くわの文（窠）
井草源左衛門尉　月ニしやうひ（猩々緋カ）

（上杉氏盛）
市田御幕　　竹に雀

〈岩付衆以下は略〉

※括弧内の家紋注釈は筆者。
窠の紋とは木瓜紋をいう。

【追録】天徳寺宝衍と木戸元斎

一　天正十七年十一月の書状

木戸元斎は謙信死後、羽生城回復を諦め、いとこの左衛門佐為繁(直則)とも袂を分かって越後において上杉家臣として生きる道を選んだ。御館の乱以降は、歌道は勿論の事、上杉執政・直江兼続の片腕として主に東北方面で活躍した(のちに朝鮮の役では渡海している)。小田原合戦の頃は、景勝・兼続の信頼を勝ち得ていた事と羽生城主だった木戸伊豆守忠朝の子としての立場を生かして、旧上杉系関東衆と互いに連絡を取る事もあったと思われる。Ⅲ章で触れた富岡新三郎もそうした一人だろう。佐野昌綱の弟とされ、豊臣旗本となっていた天徳寺宝衍同様に、いわば取次的な役割を果たしていたといえる。――ここでは宝衍と元斎の関係を中心に、彼らが活躍した戦国舞台の実情について考えてみたい。

左に掲げる史料は度々研究史に登場している大変重要なものだが、十分に咀嚼されているとはいい難い。特に後寄り部分に宝衍の本音が集約されているのだが、従来この部分は(前半よりも)同人を語る上で重要視されてこなかった。むしろ文学史的立場からの検討が先行しているといっても過言ではない（「佐川田昌俊の前半生」他、『近世大名文芸圏研究』渡辺憲司　八木書店　一九九七年　所収）。

天徳寺宝衍（佐野房綱）書状〔山形県　高橋六右衛門氏所蔵文書〕『群』三五五三

其以来互申遠候、余無御心元存候間、乍便申候、然者
向会津御勢仕、傍も御在陣之由其聞候、寒天之時分と
云御大儀令察候、従伊達号遠藤下総（基信）人為使上洛、于今
在京候、去四日富左（富田知信）・津隼（津田信勝）・薬院（施薬院全宗）披露候処、会津之地
於不返者、御許容有之間敷候由、以御誓詞被仰払候、
一北条沼田之地請取候以来、至今日脚力にても不為上
候、若今月無上洛者、来月廿日にハ可有御陣触之由、
去四日愚拙へ被　仰出候、昨十日も北条無上洛者、急
度可被成　御出馬之由、御直被仰聞候、八州御静謐之
上、彼表之者共景勝へ過半可被付之由、是も被対愚被
仰出候、富左・津隼・薬院何も被承候、愚拙被召　御
幡本ニ被差置、彼表之儀可有御談合之由　上意候、彼
是以絶面目迄候、弥屋形可得御意之外無之候、此趣直（直江兼続）

山能〻御心得頼入候、何向にも拙者進退可御心安候、
一竹喜進退之事、猶〻雍州（直江兼続）へ御取成念願候、幸便之折
節者従直山預便札候様御取成任入候、洞呂寺へも別紙
可申候へ共、急便候間無其儀候、一新右衛門娘之事、
御指南頼入候、余事令期後音之時候間閣筆候、恐〻謹
言、

（天正十七年）霜月十一日　宝衍（天徳寺・佐野房綱）（花押）

元斎老
机下

天徳寺宝衍は、その頃は上方にあって小田原城・後北条氏のみならず関東の情報を広く集め秀吉に報告をしたり、旧知の諸氏を味方に誘っている。いわば豊臣政権の関東方面における外交工作を担いながら、北条氏忠に奪われた佐野家の再興を目指していた。佐野昌綱死後、宝衍とその配下・山上道牛が上方に出奔したのは、まさにその為である。

空前の規模の小田原合戦を目前に控え緊迫する関東・東北情勢の下、宝衍は暫く交流の途絶えていた元斎に書状を送り、同人を手掛かりに兼続を通して上杉当主景勝に「弥屋形（当時は羽柴秀吉）可得御意之外無之候」と関八州平定に向けた出陣の準備を要請している。これは天正十四年（一五八六）、豊臣政権臣従の

証しとして上洛を敢行した景勝が秀吉から「関左幷伊達・会津辺御取次」を命じられた事に始まっている(「上杉家文書」上越三一四三他)。当時は、景勝にとって最大の問題であった新発田重家の叛乱が解決していなかった。景勝は豊臣政権に臣従し、その力を借りる事で周辺環境を安定させ、越後国内の難問に専念できるようになったのである。

景勝軍が、重家を支援していた会津芦名氏配下の赤谷城を落として補給路を断つと、孤立した重家側の五十公野城次いで数千人が籠る新発田本城も凄惨な最期を迎えた。天正十五年（一五八七）十月二十五日の事である。六年がかりの長期戦であった。こうして越後国内を統一した景勝は豊臣政権下の有力大名として、いよいよ秀吉の命令を関東・東北に伝達する「取次」という重責を担う事になった。しかし、この頃は後北条氏と姻戚関係のある徳川家康が前年十月末に上洛して秀吉に臣従していたから、景勝の役割は「次席」的なものになっていた。家康は秀吉直書で「関東・奥両国迄惣無事之儀、今度家康ニ被仰付条、不可有異儀候」と、仰せつかったという(『豊臣平和令と戦国社会』藤木久志　東京大学出版会　一九八五年)。これを藤木氏は豊臣惣無事令とよんだ。以降、「惣無事令と東国社会」については粟野俊之氏・竹井英文氏らの詳しい論考があるが、ここでは二冊の著作を挙げるにとどめる。――――『織豊政権と東国社会「惣無事令」論を越えて』竹井英文　吉川弘文館　二〇一二年

・粟野氏著作は後述。

当然の事だが、秀吉は景勝の越後国内における新発田氏叛乱が継続している状況を大きな問題としていた。家康が臣従する前とうって変わり、同人上洛後は全国一統事業の一環として「家康上洛候て令入魂〈中略〉関東之儀、家康と令談合、諸事相任之由」及び「新発田儀可被討果事」と相なった（「上杉家文書」新三一五九　三一六〇）。新発田氏を打倒——景勝の越後統一を成就させる事は秀吉の東国政策として、家康臣従に次ぐ重要事項であった事はいうまでもない。

惣無事令の精髄は、大名間戦争を私戦と規定して禁止——これは今川・上杉氏等の大名分国法に見られる「喧嘩両成敗」と同じ概念である。裁定の根拠は「当知行」が原則であり、北条泰時制定の「御成敗式目」からきている事は一目瞭然である。Ⅱ章の最後——本庄繁長の項で触れた出羽大宝寺領は、最上氏が台頭する以前から本庄領であり、当知行の原則からいえば、最初から本庄氏側に分があった事になる。

小田原合戦は、よく知られるように北条方沼田城代の猪俣邦憲による真田領名胡桃城略取が、惣無事令違反とされた事に起因する。名胡桃を含めた沼田領は、かつて謙信が北条氏康から奪い、上杉支城として支配した地である。御館の乱の後、武田氏が沼田領を支配する事になったが、同氏は天正十年（一五八二）に滅亡したから後北条氏にとっては、ようやく再び手に入れた「因縁の地」であった。その意味では沼田領は、後北条宗家が「当知行」した地であった。にも拘らず自らの立脚点たるかつての関東支配者——鎌倉北条得宗の定めた武家法の理念によって追い詰められていったといっても過言ではない。

書状の最初は、先代の謙信以来、景勝にとって関係の深い会津領への出陣の事をいっている。新発田氏の叛乱に会津芦名氏が絡んでいたのは前述のとおりだが、秀吉の命令で景勝は断交していた芦名義広と和睦をした（「佐竹文書」新三二六三）。義広は養子で実家は常陸の佐竹氏である。この頃、奥羽米沢の伊達政宗の勢力伸長が目覚ましく、政宗は会津に攻め込んで芦名氏を打ち破り、義広は実家である佐竹氏の下に逃亡していた。――当然これは「惣無事令」違反である。景勝は秀吉の命を受け、元斎を横目として南会津に侵入させている。文中の「向会津御勢仕、傍も御在陣之由其聞候」とは、その事をいっている。

秀吉が景勝に命じた伊達・会津取次の部分は生きており、家康と共に豊臣政権の東国・奥州政策遂行の両輪として機能していた。伊達政宗の対策には上杉の軍事力（抑止力）は必要であったが、関東の西端に位置する小田原攻めでは、徳川のそれを期待していたといえる。例えば、武勇を以って知られる徳川の将・本多忠勝は家康上洛の翌年、以前からやり取りのある下野の皆河山城守（広照）宛に七月二十日付で書状を送り、「関東諸家中江惣御無事之儀、家康被申扱度之由候而、只今小倉松庵（実明）被差遣候」と伝えている（傍線筆者・「文化庁所蔵皆川家文書」『戦国遺文 下野編』第二巻一七六一号 以下、戦下＋史料通し番号で記す）。

だが広範囲にまたがる大名間の複雑な関係がある以上、関東だ、奥州だと厳密に問題を区分出来るわけではないのが実情である。佐竹義宣は上杉との関係にすがり、景勝宛の秀吉直書を得(「東京都千秋文庫所蔵」上越三二九五)、会津奪還を目指して（天正十七年）十二月二十六日付の書状において、景勝に「尚以急速会津へ之御乱入令念望候」と頼み込んでいる。宛名は直江山城守・元斎となっている(「瀬谷文書」戦下一九〇一)。――しかしながら、義広が会津黒川城に復帰する事は叶わず芦名氏は滅亡してしまう。

宝衍は秀吉側近の一人として会津問題に関わり、弁明の為に伊達側の使者である遠藤下総守が在京しており、去る四日（同じく秀吉側近である）富左・津隼・薬院に披露した――会津の地を返さないとは決して容認できない、とある。次いで、北条が沼田の地を乗っ取って以来、何の連絡もない事を受けて、若し今月までに（氏政の）上洛がない場合は来月二十日に御陣触有りとしている。「八州御静謐之上、彼表之者共景勝へ過半可被付之由」とは、秀吉が景勝に期待した、関東平定後は伊達氏が侵攻した会津をはじめとする東北（奥羽）の軍事制圧である。北国勢の総指揮は前田利家であったが、現実には景勝程、関東・東北の地勢には詳しくない。南からは徳川、北からは上杉と、関東・奥羽惣無事令の執行が迫っていたと見るべきだ。

書状の後半は一転して、佐野家再興に向けた元斎への頼み事である。こちらが宝衍の強調したかった本音部分である。

自身の進退については、豊臣旗本でいる限り安泰かもしれないが、その事と後北条氏に乗っ取られた佐野家の取立ては別問題である。昌綱の跡を継いだ佐野家当主宗綱の死後、北条氏忠が乗り込んで来るにあたり、おそらく佐野家中からは相当数の離反者が出たと思われる。越後にいた佐野家中の元証人たちも複雑な胸中であったに違いない。

文中の「竹喜進退之事、猶〻雍州へ御取成念願候」とは、御館の乱以降、上杉氏を離れて後北条氏に属した上杉沼田城将であった竹沢山城守であろう。同人は、Ⅲ章で掲げた『佐野武者記』等に記される竹沢刑部少輔の嫡子・山城守定清（喜八郎ヵ）と同一人物と思われる。小田原合戦時も（佐野城にあったとしても）北条方であったと思われるから、宝衍は元斎を通じて直江兼続に竹沢の赦免（佐野家中復帰）を頼んだのだろう。

「新右衛門娘之事、御指南頼入候」とは、おそらく佐野家当主となっていた北条氏忠（仮名は新四郎）の妻にさせられた先代宗綱娘の今後の事である。宝衍の頭の中では早くから、宗綱の娘に養子をとらせて佐野家当主に据えるという絵図が出来上がっていたと思われる。後北条氏が実効支配している佐野領は秀吉の意向で没収される可能性が大である。いくら佐野縁者の宝衍が豊臣旗本といっても、北条支城と化していた佐野城は現に籠城態勢に入っていたから事は急がねばならなかったに違いない。

宝衍の二つの頼み事の内、「竹喜進退」の件は元斎が兼続に披露した結果、佐野家中復帰は叶ったと思われる。本意、不本意に関係なく籠城した北条他国衆は案外こうした「取成」にすがったのではないかないだろうか。

（天正十八年）四月二十七日付蘆庵（武茂堅綱）宛結城晴朝書状には、北関東（東方）における小田原合戦の状況を報じて「将亦佐野退散之前、内談之間、及取扱候、太貫并梅雲打果、佐地衆打入候、天徳寺従類者廿二帰城ニ候」とある（傍点筆者・「楢葉上浅見村里正根本氏所蔵文書」戦下一九三五）。つまり（佐竹・結城氏ら豊臣勢によって）北条方佐野城は降伏、佐野地衆も討ち入って北条派の大貫・梅雲軒は自害――天徳寺一党が四月二十二日に佐野城に入った事などが記されている。「天徳寺従類」の中には竹沢氏もいたと思われる。まさにその日の為に宝衍は上方から様々な工作を行ってきたのである。

竹沢の名は、当時の一次史料ではないと考えられるが――関ヶ原戦の頃、徳川秀忠から岩崎吉重郎ら佐野家中四名に対して、会津にあった上杉景勝への備えとして小山城に詰める事を命じた書状中に「竹沢喜八郎」とある（「栃木県　大川氏所蔵文書」『佐野市史通史編　上巻』五五二頁）。他にも軍記ものだが、『佐野宗綱記』の「佐野侍中出仕之事」の項に、佐野家老衆の一人として「竹沢山城守」が登場する。内容は、小田原落城後、唐沢山城本丸に入った天徳寺（宝衍）に、竹沢が先代宗綱の須花坂で戦死を遂げた様子について語ったとある（「内閣文庫所蔵」『栃木県史史料編・中世五』）。史料の実証性からいえば、このあたりは首をかしげざるを得ない。他にも、秀吉が天徳寺に足利領と合わせて十二万石を与えたとか、誤った記述も多い（豊臣秀吉朱印状では、天徳寺隠居分を合わせて佐野領三万九千石「佐野文書」（東京大学史料編纂所影写本）『栃木県史資料編・中世一』）。しかし戦国から江戸へと激動する時代の中で写実性の高い人物描写は実名と合わせて当時の書状類と一致する所もある。右のような軍記ものも慎重に検討の上で判断すべきだろう。

宗綱の娘は文中に登場する富左（富田知信）の子――信吉と婚姻して、同人は宝衍の養子となり下野佐野家を継承した。こちらは秀吉の意向が強かったようである。元斎が宝衍の希望を汲んで動く余地などなかったのではあるまいか。景勝の役割である「惣無事取次」の事を考えると、秀吉との間で談合があったのであろうが、それは形式的な物でしかない。秀吉の命で徳川は後北条氏の旧領と合わせて二百数十万石という大封を得ていた。関東で徳川領ではなかったのは、（由良氏の牛久領等もあったが）この時点で安房・常陸・下野ぐらいである。徳川への抑えとして豊臣恩顧に位置付られた下野南部の佐野氏は以後、走廻の重責を担う事になる。

豊臣譜代で秀吉の信任厚く、外交問題を担った知信は前述のとおり、「関東幷奥両国惣無事」令の発効に深く関わっていたから上杉氏との関係も強いものがあった。佐野の背後には上杉がいたのである。それは秀吉が健在であれば、力強かったであろうが……。

宝衍と信吉は折り合いが悪かったという説がある。――栃木県　蓼沼家所蔵の唐沢古記録のうち、「佐野十七騎家来願状の事」（寛文元年（一六六一）閏九月）によれば、関ヶ原の翌年、慶長六年（一六〇一）七月に宝衍が死去すると古系図等先祖代々の遺品は佐野当主の修理大夫信吉ではなく、宗綱二女を正室に迎えた譜代重臣の佐野吉十郎（岩崎吉重郎）に譲られた。「子細ハ天徳寺ト修理殿ト御中（なか）

不和ニ候故、天徳寺死去ノ節、修理大夫殿ト御対面成ラレズ〈以下略〉」という（『佐野市史通史編　上巻』五五五頁）。つまり両者は「絶縁」状態であったという事になる。更に前掲史料によると、信吉と宗綱の娘である正室との仲も悪く男女ともに子供はいなかったという。筆者が知る限り蓼沼家所蔵の古記録類は信頼性が高い。宝衍はおそらく秀吉の一方的な命で知信の子、信吉を養子に迎えたが、本心は仕方なくだったのかも知れない。

宝衍の豊臣旗本としての役割は、小田原城が落城し、信吉を養子とした時点で実質的に終わりを告げた。同人はその後も秀吉に近侍したが、小田原合戦開戦前夜ともいえる天正十七年（一五八九）十

唐沢山城のくい違い虎口（栃木県佐野市）

一月、元斎宛書状をしたためた頃が、宝衍の豊臣旗本人生の盛りであったといえよう。

二　佐野昌綱の死去について

ところで、宝衍がどのようにして豊臣旗本となり、上方で地盤を築いたかは定かではない。米沢藩の『歴代古案』九にある天正十八年（一五九〇）四月十九日付（宛所欠）天徳寺了伯（宝衍）書状写の追記によれば「右了伯ハ佐野城主佐野宗綱ガ父小太郎昌綱ガ弟ニテ、同国天徳寺ニ住ス、後宗綱討レテ後、家中ト不和ニテ、天徳寺ヲ遁出、京都ニ上ガリ新黒谷ニ居住ス〈以下略〉」とある（右小括弧内は筆者・『佐野市史資料編1　原始・古代・中世』二一三号　以下、佐野＋史料通し番号で記す）。追記の内容は全体として割合正確なのではあるまいか（宝衍の了伯という名、略したが、後家康ニ属シ、拾二万石ヲ領ス等は誤り）。

粟野俊之氏によると天徳寺了伯書状は後世の偽作だという。当時の史料に宝衍が「了伯」と名乗った事は確認できず江戸期の軍記ものにのみ見られ、書状の内容もきわめて異質という（『織豊政権と東国大名』粟野俊之　吉川弘文館　二〇〇一年一六六頁）。しかし筆者はこの場合、偽文書であっても、そこには一辺の真実が隠されているように思えてならない。

佐野氏は上杉、後北条氏と服属先を変えながら自主独立の領域支配を目指していたから、家中も親北条派でまとまっていたわけではない。親佐竹派の勢力も強かったと推察される。それは佐野氏が、佐竹氏を中心としてまとまりつつあった「東方連合」に加担して天正十二年（一五八四）には後北条氏と対戦、いわゆる「沼尻合戦」を戦っている事からも明らかである。まだ若かった佐野家当主宗綱が長尾顕長と戦って戦死を遂げるのは、沼尻合戦の翌年もしくは翌々年といわれている（長尾顕長感状「青木氏蒐集文書」佐野一八一）。『寛政重修諸家譜第十四』―一四頁〔巻第八百五十〕には「年二十六」とある。

当主の死去にあたり、北条家から養子を迎えようと画策していた重臣の大貫派が発言力を増し、日頃から同人のやり方に反発していた天徳寺派を排斥して次期当主に、北条氏康（の甥で）養子の氏忠を引き入れた、という事なのだろうか。

宝衍は前述の書状において「抑北条氏政父子者、依背勅命而、関白秀吉公者、北条之一族蒙追討之宣旨、引率二十万騎、被囲小田原之城、氏政父子之滅亡者、其在近歟〈中略〉佐野家之老臣大貫以下之輩、早晩令忘却旧好、以北条家為主君、非背天理耳、失武臣之道、今幸了伯、蒙秀吉卿之仰、相催旧臣、乗取於佐野城者、怱令還俗、佐野之遺跡無残可被宛行旨、有厳密之御證文、庶幾面々改先非、属了伯、責取於佐野城、可被立佐野実名、於然者、各本領安堵者不及申、忠賞者可依功者也」と述べて、後北条氏に通じた老臣大貫一派を糾弾、（宝衍が）秀吉の麾下となった事を強調しながら、家中の結束を促し自分の側について手柄を立てるよう促している。天正十八年（一五九〇）四月十九日は小田原合戦の最中であり、書状全体の内容からいって、市史の〔解説〕にもあるとおり籠城衆である旧臣に宛てたものだろう。――よく出来た偽作だ。後世における佐野氏（宝衍）の「反北条としての評価」を代弁しているように思えてならない。

二十万の大軍を以って小田原城を囲み、北条氏政・氏直の滅亡は近いと「豪語」しているが、かつて宝衍は必ずしも反北条というわけではなかった。それどころか北条氏照の「指南」を受けていた。

――「然者、北条滅亡時節到来、無是非次第候、如御存、氏照へ年来随身之走廻致之候処ニ、此度宝察侍者、彼為生害儀、無遠慮之至ニ存候」とは、宝衍が小田原合戦直後の八月二十七日付で、今川旧臣の三浦左京亮（元政）宛書状において綴っている言葉だ（「三浦文書」埼叢　参考資料二）。案外、こちらが宝衍の本音ではないだろうか。筆者には自害した氏照を悼んでいるとしか思えない。しかし、何としても佐野家存続の為には豊臣という上位権力に従うしかなかった、というべきか。複雑で屈折した心境を窺わせる。しかも宝衍が懸命に再興した大名佐野家は、同人の死後からそんなに時を経ない江戸初期の段階で徳川幕府によって改易されてしまうのである。

永禄九年（一五六六）と思われる一月二十四日付、富岡主税助宛の上杉輝虎書状では「向佐野廿六日出馬候〈中略〉仍天徳寺南へ相通之段、従館林申越候」とある（「富岡家古文書」上越四八三）。それ以前に、北条氏照は（永禄五年）三月十四日付で脇付を添えて天徳寺宛に書状を送り、冒頭で「去四日御注進状、同六日到着、然者、長尾弾正少弼向其地雖相動候、御備堅固故、無其功退散、誠以拙者一身満足候」と述べている（「栃木県　涌井文書」群二一六二）。小田原攻めにおける上杉方作成の

「関東幕注文」でも、佐野氏は陣幕に家紋が入っていないし、家風である大貫・山上・高瀬氏等の諸氏も名が記されていない。佐野氏は永禄四年（一五六一）の小田原攻めには加わっていなかったと考えられる。つまりは大方、佐野氏は昌綱の時代、親北条であり、上杉軍に攻められ降伏して吉江・色部といった越将の在番を許したり、謙信に従って常陸の小田城攻めに参陣する事はあっても時々で、後北条氏と結びながら実質的には「独立」を貫いていた。おそらくは宝衍の書状にある老臣大貫氏のように、家中重臣クラスの発言力が強く、佐野一族とはいえ当主ではない宝衍の求心力はそんなに強くはなかったのだろう。謙信と北条の間を揺れ動いた昌綱の苦労が偲ばれる。それでも本人が健在な頃は家中のバランスもある程度保たれていたと思われる。

　昌綱の死によって、進退窮まったと見られる宝衍が上方――京都に行ったのは何時の頃であったか。佐野重臣の山上道牛が昌綱の死後、上洛して狩野派の絵師に主君の肖像画を描かせている。画像の賛は京都五山天龍寺の高僧として知られる策彦周良（さくげんしゅうりょう）によるもので、天正七年（一五七九）己卯林鐘（六月）の日付があるという（『戦国唐沢山城　―武士たちの夢の跡―』98頁）。佐野市郷土博物館には肖像画のレプリカが展示されている（真筆の肖像画は大庵寺蔵）。謙信の場合、寿像は二月から制作が開始され、三月十三日に完成したというから、一ヶ月半足らずである。葬儀の後、上洛をして制作に取りかかって往復道中の日数を考えると、出居氏は慎重な見方を示されていたが、本光寺の佐野家墓所にある宝篋印塔に刻まれている天正七年（一五七九）三月十三日の銘（昌綱没年説とする）は、無理はないとも考えられる。そうだとすると、昌綱は謙信の死から丁度一年後に亡くなった事になる。（なおこの年三月二十四日には、「御館の乱」に敗れた上杉景虎が自害している。）

道牛は既に上方にいた宝衍を頼りに上洛したのではないだろうか。道牛が一人で短期間に京洛での絵師や高僧との交渉等、全体的な手配が出来たとは思えない。幾度か上洛する事で宝衍と道牛は上方の武家・文人社会に足がかりを作っていったのだろう。道牛が後に宝衍同様に、豊臣政権の使者を務める事になる契機の一つは昌綱の死去によるものであったと考えられる。

しかし佐野家の菩提寺である『本光寺開創記』によれば、「于時天正二甲戌歳四月仏生之日佐野小太郎昌綱公行年四十五而逝去」とある。つまり昌綱は天正二年（一五七四）四月八日（仏生＝釈迦の誕生日）に死去したと記されている（『栃木県史史料編・中世五』）。前掲の『寛政重修諸家譜』もこれを踏襲したと見え、昌綱は「天正二年四月八日卒す」とある。

嫡子である宗綱初見の文書は、天正三年（一五七五）一月二十四日、福地出羽守に発給した所領宛行の朱印状であるとされている。次いで同年九月三日にも、福地出羽守に田嶋等二百五十貫文の地を宛行っている（「福地文書」佐野一六二　一六三）。

父昌綱の死去を受けて、宗綱が佐野家新当主として家中に文書を出し始めた――領域支配に着手した、と考えるのは自然な見方であろう。若しくは昌綱が隠居して後見役となり、新当主となった宗綱が執政を開始していたという表れなのかも知れない。当時、同人の年齢は一五、六歳位であるから、当然大貫氏ら重臣の発言力は強かったと思われる。

（天正五年）四月六日付で佐竹賢哲（佐竹北家）が大貫左衛門尉に宛てた書状には、「早使之□中届候、昌綱御□□（遠行ヵ）無申事候、□世上故無音、覚外之至候〈中略〉当方へも御相談候様傍可有御□候、急之事にて当表備為可申合令着宮（宇都宮）候、御用等候ハヽ、可承候、此条天徳寺へも申述候」とある（右小括弧と傍線は筆者・「栃木県立文書館寄託小宅雄次郎家文書」戦下一一三七）。

後北条氏の東方攻勢に備えて宇都宮に着陣していた賢哲は、昌綱の死を聞いて早速、宗綱を佐竹の側に引き付けようとしている。解釈が難しいが、「何か出来る事があればいって欲しい」と（天徳寺へ）申し述べたのが賢哲だとすると宝衍は当時佐野にはいなかった可能性もあるが、次に掲げる史料を見ればそうではないようだ。

三月三十日付天徳寺宛、北条氏政書状には「対陸奥守（北条氏照）十四日芳札、今廿日巳刻披見、抑昌綱御遠行之由絶是非候、不承合以飛脚申候、此上之儀宗綱へ彌貴老御助言肝要候、猶其砌可申候」とある（傍線筆者・「下総舊事三」戦国遺文　後北条氏編一八三八）。この書状は（『戦国遺文』では）天正四年（一五七六）に比定されているが、だとすれば、当時、下野小山氏の祇園城を攻めていたと考えられる氏照には、昌綱死去が三月十三日の場合、佐野から小山までの距離からして、ほぼ確実に翌十四日に伝達されただろう。氏照に一報をもたらしたのは指南を受けていた宝衍と考えられるから、本人は佐野にいた筈である。先の賢哲書状中の「世上故無音」の上にある欠損部分には「宗綱」若しくは「天徳寺」と記されていたのではないか。以上の内容は確実に氏照が小山ないしその近辺にあっての話だが、当時同人がその地に在陣していたと断定できる根拠はない。

梶原政景が三月二十八日付で、河田豊前守(長親)・柿崎和泉守(景家)・長尾遠江守(藤景)ら九名の上杉奉行衆に宛てた越山要請の書状には「抑新田手詰ニ付而、伊勢崎之地従南方近日普請被申付候、兵糧以下も差越由候、北源者(北条氏照)小山物主落着、去月以来在城、是茂普請専ニ候〈中略〉千言万句当春夏之間御越山相極候、御屋形(上杉謙信)へ雖可申達候〈以下略〉」とある（傍線筆者・「歴代古案」一　戦下一一一二等）。この書状は写しであるが、古くから所在が知られ、年次は『越佐史料』や『上越市史』等では天正五年（一五七七）に比定され、今回掲げた『戦国遺文　下野編』では同四年としている。

氏照ら後北条氏が小山を完全に制圧した時期は天正四年冬と考えられる。謙信が（天正四年）五月十四日付の書状半ばで、加賀・能登攻めを記した文頭に「仍秀綱祇園出城、古内へ被相移候処」とある（「野呂徳男氏所蔵文書」戦下一一一五）。後筆で野呂源太宛となっているが『上越市史』の見解では、天正五年（一五七七）のもので、本来は梶原政景宛ではないかという。上杉氏の第一次能登侵攻は天正四年冬であり、謙信は七尾城を包囲して越年している（「寸金雑録」上越一三一四・「尊経閣文庫所蔵」同一三一七）。翌五年、麦秋の時期に最後となった越山が敢行された。五月十四日付の謙信書状は、先に見た三月二十八日付の梶原政景書状を受けた形で越山に及び、状況を書き綴ったものである。政景の書状も謙信のそれも、『上越市史』比定のとおり、天正五年のものである。[1]

天正五年と考えられる二月十八日付閑斎宛の孝哲（小山秀綱）書状では、移住先の古内宿（茨城県城里町）で火事に見舞われてしまい「旧冬以往いたミ申候くら（鞍）下」等とあり、痛々しい状況であった（傍線筆者・「秋田藩家蔵文書一〇」戦下一一三四）。

氏照が「自小山（栃木県小山市）くり橋（埼玉県久喜市）迄」の伝馬五疋の供出を命じた朱印状は、丑（天正五年）四月十五日付となっている（「沢田文書」戦下一一四〇）。これも普請の延長である。同年二〜四月、ほぼ確実に氏照は小山で指揮を執っていたと推察される。

前置きが長くなったが、『戦国遺文　下野編』一一三七号はその比定のとおり、天正五年のものと考えられ得る。『戦国遺文　後北条氏編』一八三八号も同様の考え方が可能だ。しかし、これだけでは昌綱死去年を確定できない。

なお気になる点として、梶原政景は反後北条勢力の一人であり、その当人が赤石ではなく由良氏が命名したという伊勢崎という名称を使うか、という問題がある。謙信はⅢ章で述べたとおり「赤石」と呼んでいた。更にいえば、書状の宛名に当時、上杉奉行衆としてあったか、甚だ疑問のある長尾遠江守（元亀・天正の上杉側史料には名が出てこない）や上田衆である桐沢但馬守（具繁）といった名が見られる事である。桐沢氏は景勝の取次であり、Ⅱ章の最後で取り上げた本庄繁長書状において、文中末尾で「委曲之旨桐沢左馬允へ申達候由、可預御披露候」と述べ、吉江喜四郎に（桐沢を通じて景勝への披露を）頼んでいる。

宛名には水原弥四郎・安田治部少（輔）という名もあり、両名は御館の乱の頃、活躍した景勝派の阿賀北衆である。水原・安田氏とも阿賀北の中では、本庄・色部氏ほどの大勢力ではなく、天正三年（一五七五）軍役帳ではそれぞれ八七名、一四八名となっている。色部氏は二二七名である。水原・安田氏は積極的に景勝の権力内部に入る事で家名を上げ、生き残ろうとしたのだろう。政景は景勝が謙信の後継者となる事を予期していたのだろうか。

『歴代古案』は米沢藩が収集してまとめ上げた史料集である。……この政景書状は後世、書写の際に何らかの意図が加えられた可能性を否定できない、と考えるのは筆者だけであろうか。

氏政書状で注目すべきは「宗綱へいよいよ貴老（宝衍）の助言が肝要である」と氏政が述べている事だ。――宗綱が昌綱の生前に家督を譲られていた間接的な証拠である。しかも、その時は、こちらに相談して欲しい（猶其砌可申候）という。まさしく、宝衍が北条に指南を仰ぐ事に他ならない。この時期、宝衍自身は紛れもなく親北条派である。

天正二年（一五七四）の段階では、祇園城はまだ北条氏照によって攻略されてはいない。この頃の後北条氏は梁田氏の籠る関宿城の攻略に力を注いでいた。しかも同じ頃、謙信が越山して新田・足利領等を攻撃していたから、佐野・足利辺りの地域も含めていわゆる「通路不自由」な状態であった。

天正四、五年の頃、佐野家中は分裂気味で後北条氏とも佐竹氏とも、よしみを通じていた事になろう。（天正七年（一五七九））七月二十四日付、佐野家中の梅雲軒・高瀬六郎左衛門宛の佐竹賢哲書状には「近年者小田原へ無二被迎合上、当方へも御不和之躰、無御余儀候、畢竟傍御取成如前々義重（佐竹）所へも御通用、於拙夫も令念願候〈省略〉従甲府も度々被申越候得共、意趣者、近年小田原刷相違之儀共連続候者、可被及手切之由候〈省略〉西口出馬物近候者可承候、自然御用も候ハヽ、可承候、更大左（大貫左衛門尉）へも世上故近年無音、無御心元候由申度候」とある（傍線筆者・「栃木県立文書館寄託小宅雄次郎家文書」戦下一二七一）。――近頃は（佐野氏が）小田原に心を寄せ、当方とは疎遠になっており残念である。ついては、以前の如く義重と関係を戻していただけたら、こちらとしても有難い。〈傍線部分略〉近々西口に出馬して（北条と）対戦する為、協力して欲しい。何なりと相談には乗るつもりである。更に大貫左衛門尉とも近年は音沙汰無しであり、心許無く思っていると伝えて欲しい、といった内容である。宝衍の名は一切登場していない。前述のとおり既に上方にいたと考えられる。

傍線部分は「甲府（武田氏）が度々いうには、近年小田原との計らいで意見の相違が続き、恨みが募った為に手切れに及んだ次第である」とあり、武田氏が（御館の乱において越後の上杉景勝と結び）北条との同盟を破棄した事を述べている。「西口出馬」とは、小山氏を下した北条軍が更に東方進撃を続け、佐竹・結城氏と対戦していた状況があったからである（己卯年（天正七年）五月十八日　結城家制札「栃木県立文書館寄託池沢清家文書」戦下一二六二等）。常陸を窺う橋頭堡として飯沼（茨城県坂東市）（逆井）城も築かれていた。これらを勘案すれば、『戦国遺文　下野編』比定のとおり一二七一号は天正七年（一五七九）の書状である事は、ほぼ間違いない。佐竹氏は後北条氏との対抗上、武田氏と同盟を結んでいた（「新編会津風土記七」戦下一二七七等）。

そうなると天正七年頃、佐野氏は後北条氏に従っていた事になろう。賢哲いわく、大貫とも近年は音信がないとの事だから、昌綱死去＝天正七年説は否定される。総合的に判断して天正五年（一五七七）三月十三日の死去であろう。宝篋印塔は昌綱の三回忌を機として、建立されたものではないだろうか。肖像画の制作も同じ理由と見られる。

飯沼（逆井）城再建櫓　後北条氏最前線の城（茨城県坂東市）

三　京都での出会いと交流

元斎と宝衍が直接に出会ったのは、天正十年代の京都においてだろう。前述のとおり元斎は長らく越後に証人としてあったと考えられるから、謙信の旗下において両人が顔を合わせる事は可能性としては薄かったのではないか。

前述のとおり景勝が初めて上洛をしたのは天正十四年（一五八六）である。供奉した黒金景信が越後在国の蓼沼藤七に宛てた六月二十三日付の書状で「当七日御京着」といっているから、六月七日に京都に入ったわけである（「蓼沼文書」上越三一〇四）。元斎も兼続の執事として景勝一行に加わっていたと思われる。この時は上杉諸氏が参加する連歌会などは開催されていないが、彼らを歓待する側として、宝衍が石田三成ら豊臣奉行衆と共に働いた事はまず間違いないだろう。

次に景勝が上洛したのは、新発田叛乱の収まった同十六年（一五八八）五月である（「上杉家文書」新四九七他）。この時は「玉何百韻」と題した連歌会が開催され、里村昌叱（しょうしつ）らと共に元斎（寿三）も参加している（『鷲宮町史通史　中巻』六〇一頁）。こうした大物が集う連歌会には、宝衍は参加していないようである。それでも二人の立場上、この時期に顔を合わせない筈はないと考えられる。豊臣政権の天下静謐総仕上げとでもいうべき、「関東幷奥両国惣無事」令の執行が迫っていたからである。

小田原合戦後だが「詠歌大概聞書奥書」と題された、京都歌壇での両人交流を示す文書がある。

右此一冊従天徳寺令懇望書写之、殊頭書朱点之分、天正十九年正月大国但馬守在京之節、今同□臨江斎・紹巴遂講尺此本之外ハ大方書加候、文章誤多可有之候、雖然、清野助二郎長秀（長範）別而御執心不存隔心候間、写進之者也、

仍如件、

木戸元斎

天正廿年八月廿八日　　　寿三（花押）

井上宗雄『中世歌壇史の研究　室町後期』改訂新版所収『上越』三五三〇

文中の大国但馬守実頼は上杉家執政直江兼続の実弟であり、兄と並んで歌道に熱心な武人で、家中や中央歌壇の連歌会にもよく参加していた。元斎が天正十九年（一五九一）正月と記しているのは、この時に実頼が当時、歌道師範として著名であった飛鳥井左中将雅継（雅庸）の門弟となったからである（『歌会作法聞書』木戸元斎寿三「関西大学附属図書館所蔵」）。里村紹巴（臨江斎は号）は言わずと知れた当時、連歌の第一人者であり、元斎は武人であると同時にこのような大物連歌師とも伍する一流の歌人でもあったから、佐竹義宣のような豊臣系大名も『師説撰歌和歌集』（木戸元斎編著）等、歌の教えを所望する事があった。宝衍もその一人であった。「詠歌大概聞書」は天徳寺（宝衍）が懇望したので、元斎がこれを書写して注釈を加えたという。なお清野助二郎（景勝近習）が熱心に所望したので、心を通わせる間柄でもあり書写を進呈したとある（こちらが本心か）。

兎に角、宝衍にとって歌の世界を通して元斎とつながる事は、上杉氏が豊臣政権に臣従した時点に

おいて、きっかけとして必要な事ではあった。だが「奥書」は小田原合戦も終わり、後にいう「文禄の役」を控えた天正二十年（一五九二）である。

当時の茶の湯同様に、歌詠みも元斎や宝衍ら戦国動乱期を生きた武人たちにとっては、単に教養というよりも、生きていく上で欠かす事のできない営みの一つであった。

元斎と宝衍の関係においてもう一つ重要な事は、元斎の養子となった江戸初期の武家歌人・佐河田(佐川田)昌俊の存在であろう。宝衍が京都で盛んに小田原攻めの工作活動をしていた頃、昌俊は佐野領の下野足利庄佐河田(群馬県館林市)から越後に行ったとされている。冨田勝治氏によれば「天徳寺宝衍の斡旋によるものであろう」という(『鷲宮町史通史　上巻』九六八頁)。

Ⅲ章でも触れたが、安中氏等、領主の交流も含めて佐野と羽生は、少なくとも戦国期は関りが深かったと考えられる。出居博氏の御教示によれば、現在は羽生市北部の利根川堤防近くに鎮座する避来矢神社は「避来矢権現　天文十年ニ羽生領ニ戸室伊賀守唐沢より勧請す　避来矢神末社也」（栃木県個人蔵）という事である。境内には、下野から飛来したと伝えられる、どっしりとした「大石(甲石)」が根を張るように座している。この辺りは利根川流路の変遷により、佐野・館林・羽生・鷲宮領等の境界が複雑に入り組んでいたと考えられる。永禄十三年（一五七〇）二月、謙信が広田直繁に与えた判物にも「館林城・知行共出置候、併佐野領・足利領除之」とあった。佐河田氏発祥の地といわれる館林市下早川田町は、近世前期までは下野国梁田郡に属していた。同町にある雲龍寺は早川田喜六郎唯種の菩提を弔う為に創建されたという（『群馬県の地名　日本歴史地名大系10』）。

佐河田氏の祖は源姓足利氏の根本被官である高階（たかしな）姓の高（こう）一族の出であり、古河公方足利成氏に仕えた高（早河田）（南氏も称す）師久の子孫が昌俊であるという（『鷲宮町史通史　中巻』六一三〜六一五頁）。父祖は佐野昌綱に仕えたというが、『群馬県史』・『埼玉県史』等に収められている「高文書」や「喜連川文書」を見た限りでは、佐野氏との関係性は見えてこない。

ただ（天正十九年）五月三日付、増田長盛書状では「ふはさミ村（栃木県高根沢町）四拾石余之事〈中略〉国朝（喜連川）御領分ニ候〈以下略〉」とあり、宛名が南美作守殿、佐野大炊頭殿と並記されている（「さくら市所蔵喜連川文書」戦下二〇三〇）。喜連川初代国朝とは、里見氏が庇護した小弓御所足利義明の系統で古河公方とは対立していたが、義明は成氏の孫にあたる。南・佐野両氏は国朝の重臣であろう。佐野大炊頭（晴綱）の娘が国朝の母にあたるという（『寛政重修諸家譜　第二〔巻第七十八〕』一二〇頁）。佐野氏は元々、足利公方家の直臣であったわけではない。が、最後の古河公方である義氏に仕えた高氏の家系もあったように、戦国期の関りとして、小弓御所義明に仕えた系統もあったという事だろう。南氏は足利基氏近習連署奉加状（『六波羅蜜寺文書』）中、木戸左近将監貞範らと共に名のある南兵庫助重祐、或いは『太平記』に見られる南遠江守宗継、高南掃部亮の系統であろうか。――散漫ではあるが、これ以上の展開は別の機会に譲る事とする。

宝衍にとって出奔したとはいえ自身の母体である佐野家は勿論の事、秀吉の命令といえる後北条氏に対する「関東包囲網」の構築に、新たに臣従の意思を明確にした越後上杉氏は何としても第一の味方として引き付けておく必要があった。秀吉は巷では「人たらし」の天才と呼ばれていたが、信長同様に使えない人材は容赦なく切り捨てる冷酷さも持ち合わせていたから必死だったに違いない。景勝が「東国取次」の役を命じられた頃には、おそらく宝衍は越後にある佐野衆の安否をかなり気にしていたのではあるまいか。謙信が佐野から事実上撤退して、佐野虎房丸以下、家中の証人三十余名を引き連れて帰国したのは永禄十年（一五六七）十一月の事である。それから既に二十年近くの歳月が流れていた。

年未詳とされるが、宝衍が元佐野家中の蓼沼日向守（藤七、友重）に宛てた五月二十一日付の書状には「源太進退抛思慮雍州江頼入候処ニ、被召出之由、直江殿迄入念馳走不尋常由、源太書面ニ候、愚老祝著難露紙面候、彌馳走頼候、源太子共者爰元ニ先々預置候、是も今年中移可然候、源太事ハ屋形様有御膝下、何向ニも愚老名字残候様ニ意見専一ニ候、此度之御厚恩者、六十余州ニも改間敷候〈以下略〉・（傍線筆者）」とある（「蓼沼文書」越佐五―三七四・栃木県史史料編　中世三）。

『栃木県史』では「源太」を梶原政景としているが、書状の内容からして明らかにそうではない。この人物はおそらく佐野氏一族と見られる富士源太左衛門ではないだろうか。源太進退の事を頼んだ雍州（直江）とは、『越佐史料』の付記にある大和守景綱ではなく兼続であり、屋形様は上杉景勝である。

宛名の蓼沼日向守は当時、上杉家臣であった。佐野清左衛門同様、証人から謙信の旗本となり、御館の乱では清左衛門と共に簱持城を守って景勝の勝利に貢献している。新発田叛乱の頃は同氏に備えて木場城（新潟市）に在番していた。兄の掃部助泰重は天正十年（一五八二）、柴田勝家ら織田北国衆に包囲された越中魚津城を大将分の一人として死守――中条景泰らと共に壮絶な最期を遂げている（「上杉年譜」二十六・「蓼沼文書」越佐六―二二九　二四五等）。

書状が出されたのは、天正十年代半ばから小田原合戦の前年頃かと考えられる。前述、元斎宛の「竹喜進退」同様に、後北条氏が降伏する前に手を打たねばならない、天徳寺派家中の形成とでもいうべき「戦後」の佐野家再興を念頭に置いたものであったに相違ない。天正十年代前半という事になれば、前述の同十四年（一五八六）六月付、黒金景信書状で見たとおり蓼沼籐七はまだ日向守を名乗っていないと考えられる。

竹沢氏の場合は当時佐野城にあったとしても、形としては北条方になるから、引き受けは小田原合戦後とならざるを得ない。越後にいたと考えられる源太の子供は景勝の膝下（しっか）（帰属下）にあると明らかになったから、自身が引き取るつもりであったのだろう。だから「今年中」に（上杉家から）移動させると述べているわけである。宝衍にとって越後にある佐野出身者はなんとしても「佐野を取り戻す」為に必要な存在であった。それが「愚老祝著紙面に露し難く候」とか「此度の御厚恩は（天下）

六十余州にもあら間敷く候」と、景勝・兼続主従に対して深謝の礼となって表れている。

富士源太左衛門は『佐野武者記』にも名前があるが、『佐野宗綱記』の「普代の侍御暇之事」の項によれば、宝衍の養子・佐野信吉の代になると、我儘な振る舞いの多い信吉を嫌って佐野家を離れる譜代が続出して、「富士源太御一家の末なれ共富士村へ御引込、御病死」とある。

近世史料と思われるが、「佐野御旗下御居城並御家中村々郷見改（永島三郎氏所蔵文書）[2]」を見ると――筆頭に「本地三千五百石　富士源太夫」とあり、石高の左脇に本地被召上　其以後永弐百貫と付記がある。名の両脇にも本屋敷富士　下屋敷小見と付記がある。この他、戸室土佐、武沢山城、岩崎左馬祐、武沢喜太夫といった名も見える。岩崎左馬祐は、Ⅲ章で見たとおり、天徳寺家中から上杉に行ったとされる岩崎孫次郎が後に左馬助とあったから、同一人物の可能性はあろう。

当時の佐野氏関係の一次史料に竹沢氏同様、富士氏の名が見られないのは、当主宗綱の戦死以降、北条家から氏忠が入嗣したり、信吉が養子となったりした結果、不遇を被った佐野譜代家臣が離散、文書も散逸――といった背景があったのかも知れない。それでも、上杉氏側の史料にも蓼沼氏や佐野清左衛門のような記録がない事からすると、「源太」とは如何なる人物であったか、未だ検討の余地はあるだろう。

上杉氏佐野撤退以前から証人として越後にいたと考えられる蓼沼兄弟の兄、藤五郎（泰重ヵ）は謙信の時代、永禄十年（一五六七）四月三日に頚城郡西浜の内、寺島村を宛行われ、その分の軍役を課せられている（「蓼沼文書」越佐四―五九九）。

こうした上杉と「佐野衆」の関係が積み重ねられた結果、宝衍は家中佐河田の倅を、今度は越後の（佐野と親和性の高い）羽生出身である元斎に託したと考えられる。――昌俊は越後に行き、関東の戦乱に巻き込まれる事もなく、出羽庄内代官となった養父・元斎の薫陶を受けながら、関ヶ原の役の年である慶長五年（一六〇〇）頃まで同地で過ごしたという（『鷲宮町史通史　中巻』六一六頁）。後に、近世初頭連歌壇の巨星である里村昌琢をして「西ではそれがし、東では昌俊」といわしめたほどの存在となるが、冨田氏がおっしゃっていたとおり、その武家歌人としての素地は、元斎の許に行ったからこそ養われたものである。まさに戦国動乱期に相応しい人的交流の結実とも表現出来よう。

「文禄三年定納員数目録　上」によれば、元斎は越後侍中定納一紙において、三千二百八十二石三斗四升とされている。大身の旗本といえるかも知れないが、上田衆出身の泉沢河内守・五千六百四十三石、大国但馬守（実頼）・九千四十一石二斗などと比較すると見劣りがする。「木場在城後宰配頭」と付記のある蓼沼日向守に至っては、二百十三石四升九勺となっている。

四　木戸右衛門尉について

小田原合戦が終盤に差しかかろうとする天正十八年（一五九〇）五月二十七日、宝衍は一色氏が院主を務める鎌倉の月輪院に一通の書状を送っている。月輪院とは既にやり取りがあり、「御祈念之巻数（かんじゅ）」（祈禱の回数を書いた文書）を送られていたから（「寺院証文」一　埼叢九一九）、如何にも用意周到な外交ぶりである。既に豊臣勢によって北関東の北条方諸城は勿論の事、武蔵の岩付城も落城しており、残るは鉢形城・八王子城に忍城、氏政・氏直父子らが立て籠もる小田原本城以外は相模一国もほぼ制圧されていた。

月輪院宛書状と同日付で佐竹・結城ら東方勢も秀吉本営への参陣を果たし、石田三成・宝衍ら旗本勢と合わせて、史上に名高い忍城水攻めが開始されようとしていた。その時分に、宝衍は木戸旧臣も含めて成田勢が立て籠もる羽生城に書状を宛て、味方に勧誘しようとしたいきさつがあった。同じ頃、上杉・前田ら北国勢は鉢形城攻略に向かっていた。

天徳寺宝衍書状写（「寺院証文」一）『埼叢』九二五

愚札両通羽生（埼玉郡）へ被指越候訖、然者彼城代衆覚悟相違之由、無是非候、其分ニ而可被指置候、仍木戸右衛門尉（重朝）・菅原左衛門尉（直則）彼表へ一動候歟、累年遺恨者、為可（ママ）散々候哉、是節事ニ而候、奉対殿下様（羽柴秀吉）、身命御赦免之儀至于（脱アルカ）、可中木戸、自分之動者、少跡之事ニ候、彼刷之儀、浅弾（浅野長吉）へ為内談、近日者打過候、余事閣筆候、

恐々謹言、

五月廿七日（天正十八年カ）　宝衍（天徳寺）（花押影）

（相模国）月輪院御報

筆者はかつて羽生史談会の例会で、天正二年（一五七四）、木戸氏羽生城最後の戦いで右衛門大夫重朝が戦死を遂げているとの前提に立ち、書状中の「木戸右衛門尉」を元斎であると論じた事があったが、これは明らかな誤りであった。

木戸忠朝の長男とされる重朝は元々史料がかなり少なく、謙信の時代は直則宛のように単独でやり取りをしていない。しかも天正二年の羽生城自落後、父の忠朝同様、重朝の名は一切史料に上がってはこない。しかし当時、戦死を遂げたと一次史料に見られるわけでもない（忠朝の場合は年齢的に見て病等で死去していたとしても不自然ではないが）。

ところで宝衍は元斎を「右衛門尉」と表記した事は書状などでは一度もない。他においても越後における兼続執事時代は休波、元斎、寿三と書かれているものはあるが、右衛門尉とはきかない。

ここで注目したいのは、前掲書状の約二ヶ月後に出されたと考えられる菅原直則の書状である。

菅原直則書状写（「寺院証文」二）『埼叢』付一四六

如尊意未奉遂面上候処ニ、此表在陣仕候段、被及聞食、御一札祝
着之至候、向後者、相応之御用尓、無御隔心、可蒙仰候、毛頭
不可疎意存候、委細令期来信候条、奉及早報候、恐惶敬白、
菅原左衛門佐

（年未詳）七月十七日　　　直則（花押影）

月輪院
　尊報

この直則書状は年未詳となっているが、同じものが収められている『騎西町史　中世資料編』（本編補遺3）では、天正十八年（一五九〇）に比定されている。この頃の月輪院は推測だが、宝衍らの工作によって一色氏共々、後北条氏を離れ豊臣陣営に加担していたと考えられる。直則は過去、足利系畠山氏を称した伏線から見て一色氏の客将になっていたと思われる。成田・後北条氏に対する「累年の遺恨」を晴らす為に月輪院の誘いを受けて立ち上がったのではないだろうか。

（宝衍がいうには）こちらに味方するよう羽生城を誘っていたが、城代衆が覚悟を変え残念である。よって木戸右衛門尉と菅原左衛門尉が彼の表（羽生）へ動いたようである。累年の遺恨を晴らそうとしたのだろうが、これは節事（言いがかり）である。殿下様に対して（彼らの私戦に対して）御赦免の儀を伺わなくてはならない。木戸が申すには、自分は大した事はしていないというが、彼らのとりなしを浅野弾正と相談して日が過ぎているのが現状である。――これは忍城攻めに向かう宝衍の陣営に参陣しようとしていた元羽生衆である木戸らが、態度を翻した羽生城に「独断」で迫った事を指していると考えられる。成田勢として籠城していた羽生衆には元木戸家中もいた筈である。木戸・直則にとって、成田・北条は許す事のできない積年の敵であり、忍城に向かわず羽生城に向かった事が問題視されたのだろう。狭義でいえば軍紀違反、広義でいえば惣無事令違反である。ただ次の直則書状を見れば、大した事にはならなかったようである。

直則は尊意（月輪院の意向）――忍城攻めに向かう前に、遂に面上（会う事）が出来たと喜んでいるように、察する。見方によっては、それは宝衍との面会ではなく「重朝との再会」を思わせるのである。「此表在陣仕候」とは、忍城か、羽生城か判断つきかねるが、表向きは忍城を表現していると見える。でなければ、「在陣の事を聞し召され、御一札いただき祝着の至りであります」と繋がらないからである。しかし直則らにとって、羽生城に迫った事は忍城の降伏同様、万感の思いがあっただろう。

忍城が落城したのは天正十八年（一五九〇）七月十四日である（簗田洗心斎（晴助）宛、浅野長吉書状「簗田家文書」埼叢九四七）。

直則書状の日付が七月十七日であるから、忍落城の三日後に出された事になる。書状の内容全体が、明るく感じられるのはその為ではないだろうか。宝衍書状に見える「木戸右衛門尉」が重朝であるかは、たった二つの史料だけではわからない。しかしながら、重朝であったかも知れないという可能性は残る。今の筆者に出来る提起としては以上になる。

追録　註

（1）『戦国遺文　下野編』一一一五号の五月十四日付（追筆）、野呂源太宛上杉謙信書状は、天正四年（一五七六）に比定されている。しかし、書状には「旧冬已来北路静謐〈中略〉然処賀州・能州・越前如存分属手候、上口心安候間、一者秀綱口之首尾、一者義重連々申合意趣ニ候間、麦秋之為調儀令越山候、明々之内新田・足利表へ可揚放火候」とある。

要するに、越中の事が全く記されていない。旧冬已来北路静謐、つまり越中は平定され、背後を固めた上で能登攻めに臨んでいたからである。加賀・能登・越前が手に属したとは、外交上の誇張である。

天正四年の五月は、謙信は関東にいた。Ⅱ章で述べたとおりである。文中にも、麦秋で越山をして新田・足利へ放火云々とある。しかし、田畠を返したとか、堰を切り落としたとかの表現はない。そもそも天正四年五月では加賀・能登存分どころか越中も制圧しておらず、一向一揆と上杉の歴史的講和を経て、彼らの協力のもと栂尾（とがお）（富山県富山市）・増山（同砺波市）両城を攻め落とし、越中一国を平定したのは天正四年（一五七六）の九月である（「栗林文書」上越一三〇七他）。

上杉氏の第一次能登侵攻は、冒頭「当地七尾（石川県七尾市）御進陣ニ付而〈以下略〉」と述べられる吉江資堅・直江景綱連署状があり（天正四年十一月二十八日付、宛名不明「後撰芸葉十一」上越一三一三）、十二月十九日付、勝興寺宛の謙信書状に繋がる（「寸金雑録」上越一三一四）。これによれば、「就至于当国（能登）進発〈中略〉当州悉属本意、七尾一城ニ被成候、城中遂日無力候、落居不可有疑候歟」とある。野呂源太宛にある「賀州・能州・越前存分の如く手に属し候」との表現は誇張されてはいるものの、当時の北国情勢から考えて決して的外れな事をいっているわけではない。

一向一揆が上杉の風下に立った事で謙信、強気の姿勢が先の書状に表れたと見るべきである。「上口心安候」とは越中を攻略した事で得た謙信の本音であったろうし、「秀綱口之首尾」とは、北条の小山攻略を憂えて出た、佐竹義重への問いかけであったろう。

（2）『唐沢山城跡調査報告書　別冊　史料集』平成二五年　佐野市教育委員会

右記史料集は、『栃木県史』及び『佐野市史』刊行後に蒐集された史料を発刊したものである。

本文では紹介出来なかったが、天文十七年（一五四八）五月二十四日、天徳寺の飛鳥井雅綱邸における蹴鞠の記録（『言継卿記』）や、イエズス会宣教師ルイス・フロイスの『日本史』に記載されている、天正十五年（一五八七）七月、天徳寺が司祭ガスパル・コエリュを訪問した際、語った自身の身の上等も収録されている。

論考 2

上杉の意地と鳴野・今福の闘い

江戸時代後期、備前岡山藩士であった湯浅常山が著した随筆『常山紀談』（巻之二十）によれば、徳川と豊臣が戦った「大坂冬の陣」最大の激戦―鴫野・今福の戦い（大阪市城東区）における上杉軍の奮戦ぶりについて、こう記されている。（振り仮名、一部省略）少し長いが、ご一読いただきたい。

なお、本論では史料集『上越市史　別編1　上杉氏文書集一』は、上越＋史料通し番号で記す。

○上杉景勝志貴野口合戦の事

「志貴野にて上杉景勝先陣、柵を破り、井上五郎右衛門を始として數百許打取り、大和川まで攻め入る時、〈中略〉城中より大軍我先にと馳向ひ、大野修理治長、木村主計頭宗重、渡邊内蔵助糺、竹田永翁等競ひ懸る。隅田は百艇の鐵炮を一の木戸口に立固め打ちたてさせけれ共、城中よりの加勢眞黒に成つて切りて懸るを、半時許支へて戦ひ、鐵炮の物主石坂新左衛門一足も引かず討たれ、終に押立てられぬ。二陣の安田は兼てより側に陣を押出せし故、隅田が士卒、景勝の旗本前へ崩れ懸る。景勝三陣の士大將杉原常陸親憲、金の輪抜の立物打つたる冑を著、金の鎰の馬印を取りて、大將の仰ぞ、隅田人数兩方へ別れ候へ、と呼はりて馬印を打振りて下知しければ、隅田が兵忽ち兩方へ分かれて引取りけり。杉原敵を思ふ様に近々と引受けて、前に立て並べたる鐵炮を雨の降る如く討ち懸けしかば、安田二町餘脇に控へたるが横間に鎗を入る。隅田も忽ち盛り返し、城兵を追い崩す。[1]〈以下略〉」

同史料中、豊臣城将の木村主計頭宗重は木村長門守重成、上杉軍の将・隅田は須田、杉原常陸は水原常陸介と「訂正」しておく。

拙稿の一方の主人公である水原常陸介親憲は、米沢藩の編纂になる『上杉家御年譜』によれば、東西開戦当時は、江戸詰めの旗本で、景勝の傍近くにあったという。元々は越後古志郡栃尾衆（長岡市）の出であり、新発田重家の叛乱で戦死した阿賀北衆・水原氏の名跡を継いでいた。それまでは大関姓であり、仮名を弥七郎といった（「上杉年譜」『越佐史料巻五』―七六四　七七四頁、以下越佐＋巻数―頁数で記す）。

水原常陸介が越後中郡（中越地方）に位置する栃尾衆の出であった事実は、上杉権力の構造を考える上で重要な問題を含んでいる。

時代はかなり遡るが、文明十五年（一四八三）、同古志郡等に実施された古志（栖吉）長尾・飯沼氏等の知行検地帳によれば、大関与三左衛門尉・大関太郎左衛門尉分の苅高（面積）が記載されており、増分を含めて、それぞれ一八六〇苅・九〇〇苅とある（「上杉古文書」越佐三―二七五　二七六）。

※一反＝一〇〇苅という。「苅」とは、刈り取った稲の量で面積を表す単位。当時の上杉領国では、反あたり一〇〇文の年貢だったという（『新潟県史通史編２中世』五四七頁）。

明応六年（一四九七）には前述の上杉家文書中、古志栃尾等の「役銭定可納分」取りまとめ役として署名中に「大関勘解由左衛門尉政憲」・「大関蔵人丞定憲」とあり、時代は古いが、名前からいって親憲の近親者かと思われる（越佐三―四〇八）。いずれにせよ越後守護上杉氏の時代から、大関氏は古志長尾氏配下の有力な在地領主であった。

それから五十年近く時代は下って、謙信が当時、越後守護代であった兄晴景の名代として栃尾城にいた頃、周辺の地域に安堵状や寄進状を出している。――天文十二年（一五四三）、同十三年のものを見てみよう。

長尾景虎安堵状〔三条市　本成寺所蔵〕『上越』一

今度実景（長尾）以後之判形等、無紛失被成所持、神妙ニ存候、先代任判形旨、殊更御忠信故、亡父（長尾為景）数ヶ所之御寺領、於末代不可有相違候也、仍如件、

天文十二

九月廿日　　景虎（花押a影）

本成寺侍従阿闍梨日意御房

長尾景虎寄進状〔見附市　渡辺謙一郎氏所蔵〕『上越』二

吉日を以きしん（寄進）申候、かんはらくん（蒲原郡）内玉虫新左衛門分一

せき(跡)、すもん(守門)大明神奉末代進候、恐々敬白

天文十三年甲辰二月九日　　平景虎（花押a影）

藤崎分六

寄進状の宛名である藤崎氏は守門神社の神官で、同神社（守門大明神）は旧古志郡守門(長岡市平)に鎮座していたという。東側（栃尾城南東）には守門岳が聳えている。——二通の文書は当然、阿賀北をにらみ中郡制圧のための布石である。

栃尾には長尾家の料所があり、年未詳だが、七月十六日付で藤崎又次郎に宛てた長尾景虎書状に「当社寺門(守門神社)造営事、去年任願書之旨、今年可加修造候、然者、料所平村(長岡市平)之土貢当納之事〈中略〉若彼年貢計至于不足者、高波保(長岡市)七ヶ条棟別少宛懸之相加、急速建立尤候」とある（傍線は筆者・「見附市渡辺謙一郎氏所蔵」上越二三三）。守門神社の修理費用として、料所である栃尾平村の年貢を寄進し、もしこれで不足すれば（国衙領であった）高波保七ヶ条の棟別銭で補う、としている。如何に栃尾が、長尾上杉氏の権力を支える上で重要な土地であったかがわかろう。(2)

同時に、山岳信仰である「守門信仰」が、雪深いこれらの地域に強く根付いていたものである事が窺われる（魚沼地方にはいくつもの守門神社がある）。春の雪解け水が命の田畑を潤すその源が、おそろしくもある守門岳であった。永禄三年（一五六〇）五月九日奉納の、越府に向けたと思われる古志栃尾衆の「大関定憲等七名連署起請文」でも、軍役・要害普請の履行に背いたならば神罰を蒙るべ

き者也として、その神々の中に「すもん（守門）大明神」の名も挙げられている（「上杉家文書」上越二〇六）。あくまで参考史料だが、謙信の関東管領内定を祝ったとされている、永禄二年（一五五九）十月二十八日の「侍衆御太刀之次第」では、「直太刀之衆」に次いで「披露太刀ノ衆」の中に、下条殿と荒川殿に挟まれる位置で「大関殿　糸牧（原文は同）」の名前が認められる（「上杉古文書」越佐四―二二六）。披露太刀ノ衆の筆頭は阿賀北衆の中条氏で、本庄弥次郎、本庄（清七郎）と続く。太刀はいずれも金覆輪である。清七郎は、栃尾城にあって謙信を擁立した宿老本庄実乃の子だが、本庄二氏の文字は「補筆」だという。

これらを総合するに、謙信は長尾景虎の時代初期、栃尾城に入って、母の実家である古志長尾氏を継承して栃尾衆等、越後中郡の軍役衆を把握して「上杉軍事力の中核とでもいうべき馬廻り衆」を形成していった事が推察される。後年、その中に若き日の水原常陸介がいた可能性は高い。

謙信出馬の際に従う、春日山城に詰める馬廻り衆は、大身譜代の山吉・松本氏らが中郡の本貫地に城と軍隊を有していたのに対して、府内・春日山に近い頸城郡内に知行地があったものと思われる。天正二年（一五七四）十月、越中館山城に置かれた若林家吉は、「頸城郡内肥田森村内（上越市）、大関弥七分、同津野川村、同水品（科）村（傍線は筆者）」を采地として与えられ、その分として槍・大小籏等の軍役を課せられた（「上杉年譜」越佐五―二五八）。史料中の大関弥七分とは、若き日の水原常陸介の事だろう。

この頃は武蔵における最後の上杉属城であった羽生城が落城した頃である。劣勢を挽回せんとした

守門岳　夏（新潟県中越地方）三条市・三条観光協会提供

守門岳　冬　大雪庇が見える　栃尾観光協会提供

謙信は東上野の善・山上・女渕城等を攻略して越後勢を進駐させていたから、越中を含めて上杉管内諸将の「異動」があったと考えられる。

謙信亡き後、水原常陸介は景勝に重用され武勇を以って仕えたようで、上杉分国を二分した「御館の乱」を乗り切り、豊臣時代の「文禄三年【一五九四】定納員数目録　上」(3)では「三千四百十四石」とあり、大身の旗本である。

同人は、『常山紀談』に見るとおり、鳴野・今福の合戦において鉄砲隊を率いて大活躍をしている。後で詳しく触れるが、先代の謙信に従って「川中島の会戦」に従軍したというから、事実であれば、この時既に七十歳前後にはなっていただろう。

毛利北条（きたじょう）氏（し）の一族で、水原常陸介と共に前線で奮戦した安田能元は婿養子である俊広（元上野国衆那波顕宗二男）を伴っていた（上杉家御年譜）。能元も常陸介ほどではないが還暦に近かったから、鳴野・今福の合戦では、陣頭指揮は俊広が一部執ったのかもしれない。

慶長十九年（一六一四）十一月二十六日、出羽米沢の上杉景勝は大坂城惣構え東北を流れる大和川の南側（京口から見て左岸）――鳴野村において、大坂方と激突した。

この辺りは、大坂方が砦を築き、大野治長配下の井上頼次等が守将として防備を固めていたが、数で勝る上杉軍の前に防御柵は撃破され、守将井上は戦死を遂げている。

同じく大野治長配下の矢野正倫等が守る大和川北側、今福村の砦も佐竹義宣の軍勢に攻め込まれて守将の矢野が戦死を遂げ、大坂方は一挙に鴫野・今福の両陣地を徳川方に奪われてしまう。前線の危急を聞いて大坂城内からは援軍として、豊臣譜代の七手組・大野治長等が一万余の大軍を率いて鴫野に押し出した。今福へは、出撃した初陣の将木村重成を援けるべく、歴戦の武勇を誇る後藤又兵衛が向かった。

鴫野は水原常陸介らの活躍で、上杉軍が制圧したが、今福方面では木村・後藤らの反撃により、佐竹軍が苦境に陥った。『常山紀談』によれば、ここでも、水原常陸介が佐竹軍の危急を救い、活躍している。

○佐竹勢今福口を攻むる事幷杉原常陸武功の事

「義宣使者を上杉景勝に遣はして加勢を乞はれしかば、杉原常陸横合に兵を出す。〈中略〉七百許を率ゐて川の中の洲に進みしかとも、水深かりしかば、玉薬を惜まず、込替へ〳〵城兵を打白(うちしら)ます。軍兵を下知するに進退思ひの儘なり。杉原が士卒を下知する有様を、諸将の陣鳴(なり)を静(ひそ)めて見物す。譬(たと)へば馴れたる雀の子を呼ぶに似たり、と言合へり〈以下略〉」（巻之二十）。

佐竹軍の支援においても、水原常陸介は鉄砲隊を縦横に駆使して一斉射撃を展開――軍兵を手足の如く動かして城兵を圧倒、木村・後藤勢は城へ引き揚げざるを得なかった。水原の指揮は軍兵を叱咤するのではなく「雀の子を呼ぶ」ように、下知したという。老将の面目躍如たる指揮ぶりである。

『常山紀談』の別本（拾遺巻之三）によれば、帰陣後、水原常陸介が皆に語ったとして、以下の話が記載されている。

「扨々今度ハ思ひよらず御感状拝領して、子孫の寶を得たることや。其ゆへは今度大坂御陣ハ、子供いさかひのつぶて打合の様なるざれことなれバ、別に恐ろしきこと骨折こともな紀なり。昔関東陣越後などにて、今日死るか今か〳〵と思ふやう成烈しき合戦に明暮逢たると紀だにも御感状を取らず。今度の様なる花見同然の事に、上様より御感状とりたりと、大に笑ひたる由」

大坂城兵との激しい銃撃戦を、「子供いさかいのつぶての打ち合い」に例えるとは、如何にも百戦錬磨の老将らしい。

この度の合戦で、上様（徳川将軍家）から感状をもらったが、子供の石合戦程度のもので、大した事ではない。昔（先代の謙信について）関東・越後などを転戦していた頃は、今日にでも死ぬかの連続で、烈しい合戦に明け暮れたが、感状など一度も貰った事はない。それなのに、花見同然の合戦で感状が出るとは笑止‼　というわけである。

遠くからの、鉄砲による銃撃戦が戦争の主役になるまでは、槍や長刀といった打ちものが集団で直接ぶつかり合う「白兵戦」が、野戦などでは多かった。未曽有の大会戦となった、上杉と武田が北信濃で衝突した川中島合戦も、野戦である。「近衛前久書状」(4)、『妙法寺記』(5)などから推察するに、双方共数千人の戦死者が出たようである。凄まじい白兵戦が展開されたのである。

「米沢地名選」には、「大坂鴫野の軍散して後、常陸介人に語りけるは、我幼かりし時河中島の合戦に比せば、今日の軍は児戯の如しと笑けり」とある（読点、筆者）。

景勝も鴫野・今福戦後、大御所家康の戦地巡見において労われた際、「童部いさかひにて御坐候ゆえ、何の骨折候ことも無御坐」と返答している（常山紀談拾遺巻之三）。

『常山紀談』は、大名間争乱の最後となった大坂の陣から、百数十年を経て記された天下泰平の時代の書物である。最初に掲載した鴫野・今福の合戦話（巻之二十）は、拾遺巻之三にも、「表現の違う」同じような話が記されている。双方共、文献史学の実証史料として使うべき類のものではない。

だがしかし、泰平の世の武士たちが、上杉家をどう見ていたか！　戦国動乱期の武将らをどう見ていたか！　が、窺われて興味深い。

上杉家は、北陸の過半を制した「藩祖」謙信を軍神として崇め、養子景勝もまた戦国動乱を乗り切った偉大なる君主として、米沢藩の象徴となっていった。世間からは広く「武門の上杉」として認知され、石高が十五万石に半減されても、前田・伊達・島津らと並ぶ外様雄藩としての威厳を保っていた。

景勝は生涯三度、滅亡の危機に瀕している。

最初の危機は、謙信死後の「御館の乱」である。自分と同じく養子で後北条氏の血を引く三郎景虎と上杉分国を二分する大戦争を展開――武田勝頼を味方に引き入れて、ようやく勝利を収めている。

だが、戦後の処理は困難を極め、恩賞に対する不満等から阿賀北衆の新発田重家が叛乱を起こし、更には武田勝頼を滅ぼした織田信長軍団という強大な敵が越中から、信濃から同時に迫り「絶体絶命」の窮地に追い込まれた。しかも新発田氏は織田と結んでいた（「坂田文書」越佐六―二二〇）。

この時景勝は滅亡を覚悟し、常陸の佐竹義重に書状を送り、「自分は良き時代に生まれたものだ。弓矢を携え、六拾余州（の敵）に対して越後一国をもって立ち向かい、一戦交えて滅んでいく事は、死後の思い出となろう。自分は幸せ者ではないだろうか」と述べている（「佐竹文書」越佐六―一九三）。

天正十年（一五八二）六月二日、本能寺の変が勃発。信長横死により、辛くも未曽有の危機を脱する事が出来た。これが二度目にして生涯最大の危機であった。

ところが新発田氏の叛乱は長引き、織田政権が崩壊し、景勝が豊臣政権に臣従しても、会津の芦名氏や越中の織田旧臣である佐々成政と結んでなお抵抗を続けた。要するに、景勝自身の旗本・譜代だけでは制圧できないのだ。謙信時代の本庄氏叛乱を想起させる。それ程までに、上杉氏にとって阿賀北衆の壁は厚かった……。新発田重家が戦死を遂げ、乱が平定されたのは、天正十五年（一五八七）の十月も終わろうとする頃だった。同じ阿賀北衆である色部家中の峯岸作左衛門尉に討ち取られたという。十月二十八日付、同人宛の上杉景勝感状が『色部史料集』一四〇頁にある（井上鋭夫編　新潟史学会　昭和四三年）。

三度目の危機は、「関ヶ原」における味方・西軍の敗戦である。約百二十万石を領する大大名となっていた景勝は豊臣五大老の一人として、東北における徳川の対抗馬だったが、石田三成らの西軍敗戦により、徳川方東軍の最上義光と出羽長谷堂などで戦い、本拠地となっていた会津若松に撤退している。

東軍の勝利により敗者となった武門の名門上杉氏は、取り潰しは免れたものの――出羽米沢等三十万石に大減封となったのである。当然、水原常陸介ら配下諸氏の石高も、四ヵ条目「知行之儀者取来（米）三分一宛可被下候」という有様で、厳しい内容の覚書が執政直江兼続をとおして伝達された（上杉家御年譜）。

大坂城に、豊臣秀頼・その生母淀君は健在だったものの、時代は徳川を中心として回り始めていた。景勝は、徳川家康、秀忠と新たな主従関係を結び、「上杉家の保身と存続」に全神経を注ぎ込む事になる。

徳川の命令で、大坂の陣に参加した景勝主従にとって、他の豊臣系大名もそうであったように、旧主である大坂攻めは複雑な思いがあったろう。しかし、そんな事はおくびにも出せまい。上から与えられた命令である「豊臣討滅」を全力で遂行する以外に、上杉家存続の道は開かれないのだ。

それにしても「命に従う」とは、景勝にとってどういう解釈があったのだろうか。

同じ『常山紀談』でも、「巻之二十」とは違う表現の、鴫野・今福戦に臨む「景勝の姿勢」を見てみよう。

○佐久間河内守（徳川方検使）物語幷渡邊内蔵助（豊臣秀頼家臣）が狂歌の事

「御使番、重ね〲、堀尾に場を渡すべしと仰遣され候。景勝無興して、場を渡し引取べしとハ誰の差圖にて候ぞ。更に承り届ず候。上の御意にても罷りならず。軍の習先陣を争ふ時ハ、一寸増と承り候。今朝より粉骨して取敷き候場を、人に渡し引取る法や有べき。少しも引取ること罷ならず由、景勝が申すと、上へ仰せ上げられよと云て、少しも不退候〈以下略〉」（拾遺巻之三）。

景勝が、「堀尾軍と場を交代せよ」という家康の命令を拒否するなどあり得ないと思うが、後世の武士たちは「上杉景勝とはそういう武将だったのだ」という、同人に対していわば畏敬の念を持っていたともいえる。

大坂方の記録では、鴫野・今福戦は上杉や佐竹は敗北して、後藤又兵衛らは百以上の首を取った事になっている（長沢聞書）。

だが、須田や水原らに、将軍秀忠から感状並びに黄金などの恩賞が出た事が『上杉家御年譜』に見える。[6] 徳川の記録である『駿府紀』にも、杉原（水原）常陸介らの活躍が記されている。

大坂城の北方に、上杉の武名が轟いた事には違いないだろう。

景勝にとって、関ヶ原以来の屈辱を晴らす最大の機会が目の前にあった筈である。外様の雄とはいえ、徳川に臣下の礼をとった以上、何が何でも実績を上げねばならなかった。しかも自分のやり方において、である。

景勝は「自分は弓箭（弓矢）＝武門の家に生まれた」といった表現をよく使った。人は誰でも生を選べない。特に身分制社会においては、生まれた時点で職業＝生業が決まっていた。平和が続いた江戸期と違って、弓矢を取る家に生まれた以上は、命懸けで戦働きをするしかなかった。異論もあろうが、基本的にそれは、大将でも兵卒でも同じ事だ。だから、景勝は必死で上杉分国の盟主を目指したのである。

謙信は「現役の当主」であり、突然の死去であったから、自分の後継を明確には定めていなかった。ここでは本題から外れるために展開しないが兎に角、景勝はそれがわかっていたからこそ、機先を制して春日山城の金蔵を押さえ、上杉憲政や後北条氏の血を引く三郎景虎を殺害し、御館の乱を戦い抜いた。

実父の長尾政景は、かつて一族である長尾景虎（のちの謙信）と越後一国の覇権をめぐって争った人物である。領主としては対等だった。景勝がまだ喜平次と呼ばれていた頃に、実父政景は、舟遊びの最中に謎の溺死を遂げている。

喜平次は謙信の養子となったが、上杉軍役衆でもあり、出身母体である上田衆の統率者として家中、三七五人という最大級の軍役を負担していた（上杉家御軍役帳）。もう一方の養子、三郎景虎の名は「御軍役帳」にはない。しかも、景勝の妹との間に子供を儲けていた。景勝を上杉家当主とする事は、上田衆にとって悲願だったに違いない。

喜平次景勝は、その期待に見事応えた。秀吉政権下では、百二十万石の豊臣五大老にまで上り詰めたのである。

しかし気の休まる暇はなかっただろう。大名家（弓箭の家）を存続させるとはそういう事だ。越後時代でも何せ七千の家臣とその家族を養っていかねばならない。関ケ原敗戦にあっても、家臣の数は殆ど減らさなかったというから、先に見たとおり、各知行は三分の一となった。

大坂攻めでは、加増はまず無理である。だからといって手抜きなど論外、歴戦の武勇と徳川への忠誠を身をもって示す――将軍家の下知には当然従うべきであるが、上杉には上杉の戦（いくさ）がある！　その作法でもって将軍家には貢献を為す。このエッセンスとでもいうべき上杉「武門の意地」が、『常山紀談』には、戦に臨む「景勝の姿勢」として象徴的に描かれている。

「陣地を堀尾軍に渡して、交代せよとは何事か。誰の指図であるか。到底承服できず。将軍家の下知であっても罷りならず。先陣を争う時は、突出するものだ。それがいくさの習いである。早朝より粉骨して手に入れたる陣地を、他人に渡し引き下がるなどあり得るものか‼　景勝がそう申していたと、将軍家には伝えられよ」と、烈しい口調である。後でその事を聞いた家康は、咎めずにかえって景勝を称賛したという。

これらの話は、米沢藩の正史である『上杉家御年譜』には載っていない。ただ、戦国の気風が色濃く残る江戸初期であれば、有り得たかもしれない。

秀吉の死去を端緒として、日本国の次期政権担当者を確定する、最後の内乱が大坂の陣であった。年老いた水原常陸介にとっては、「古武士の矜持」をかけた最後の戦いがあった筈である。

――水原常陸介が若かりし頃は、先代の謙信が例年のように越山をして関東に侵攻していた時期である。城攻めがほとんどであったから、上野などの中小国衆の諸城攻略は「矢いくさ」で終わる事も多かったようである。しかし、上杉に叛いた国衆の城下は焼き払われ、略奪・暴行が横行し、時には占領地において人身売買が行われる事もあった(「別本和光院和漢合運」越佐四―五五三)。尤もこれは、武田氏ら他の戦国大名も同様であったが……。

然るに関東においても、上杉・北条の同盟が破れた天正の頃になると、戦争の様相は変わってくる。数は西日本ほど多くはなかったが、鉄砲足軽が組織化され、長柄を用いて槍衾を作る集団戦術と併用して戦う、大規模戦闘が増えてくるのである。一度の戦いで、数百人が戦死するような場面も出てくる。

中央では織田信長が台頭し、関東や中部日本でも地域統合が進み、大名間戦争が激化してくる。当然、戦線が拡大して消耗の激しい攻城戦や野戦も多くなり、歩兵は別としても、身分でいえば物頭以上は、職能集団の長として個々の武士の技量も高いものが求められるようになる。

藤堂家中において高禄を得た渡邊勘兵衛、黒田家中だった後藤又兵衛らのように百戦錬磨の武士たちが実績を作っていったのが、天正以降の天下統一戦であった。

水原常陸介も、その一員だったかも知れない。しかし、本人の述懐では――「今日死ぬか、今か今かと思う様な烈しい合戦に明け暮れても」感状などは貰った事がない、という。

ここに、景勝の上田衆と並んで上杉軍隊の中核（馬廻り）を構成した大関氏ら栃尾衆の「真実」を見る思いがする、といったら大袈裟であろうか。謙信が直に率いた馬廻り衆とは、国衆に課せられた軍役以上の戦働きが常に求められていた。――常陸介の「述懐」がそれを物語っている。

上田衆もまた上田坂戸城を本拠とした景勝の実父である長尾政景の死後、古志栃尾衆と共に謙信の手足とされて、関東・信濃飯山・越中等の北陸において幾多の戦場を駆ける苦労を強いられた。

永禄七年（一五六四）二月、激戦となった下野の佐野城攻めでは、上杉輝虎の名で、長尾時宗宛

栃尾城跡　長尾上杉氏中越地方の拠点（新潟県長岡市）栃尾観光協会提供

の形をとって上田衆五十名の名が記された感状が、出されている（「小出町　登坂謙吉氏所蔵」上越三八九）。この中には、確かに水原常陸介（当時は大関弥七郎か）の名前はない。長尾時宗は景勝の兄の可能性があるが、詳細は不明である。

天正二年（一五七四）閏十一月、上杉属城である武蔵羽生城攻防戦では、一説では城主の木戸忠朝・重朝父子が戦死を遂げるほどの激戦となった。羽生城は謙信自らの手で破却され、一部の羽生衆は上野新田向いの今村城に移ったものと思われる（「歴代古案」『群馬県史資料編7　中世3』二七六六号・「名将之消息録」同二八〇七号）。

この後、今村城主に取り立てられたのが、鳴野・今福戦で、水原らと共に活躍した安田能元の婿養子・俊広の実父である那波顕宗である。同人は謙信の死後、後北条氏に属して今村城を堅持した。小田原合戦で後北条氏が滅亡すると、顕宗は景勝に仕え、天正十八年（一五九〇）十月十八日、「出羽仙北一揆」平定戦に出陣して、激戦の中で嫡男と共に戦死を遂げたようである（『群馬県史通史編3中世』）。

越中においては、上杉軍は長らく、一向一揆という強力な門徒軍を相手に苦戦を強いられた。一向衆徒は多量の鉄砲を所持していた。

天正二年（一五七四）八月、初めて加賀に侵攻した上杉軍は、一揆勢の籠る朝日山城を攻撃したが、鉄砲による一斉射撃の前にまたしても苦戦を強いられている。結果、賀州の者共困望（和睦）と謙信書状にはあるが、事実は一時的ではあれ加賀からの撤退であった。

越後勢は鉄砲の知識に乏しく、水原常陸介と同じように、阿賀北衆（の中条家）に入嗣した（吉江）景泰は、謙信の制止もきかず弾丸の飛び交う中を駆け回り、謙信の命で前線から下げられて居間に閉じ込められてしまった、という有名な話がある。この時は、柿崎源三が足を撃たれて太もも貫通という重傷を負い、中間の孫四郎は撃ち殺されたという（「中条清資氏所蔵文書」『新潟県史資料編4中世二』一八六六号）。

年はひと回り程若いが、水原常陸介の同僚とでもいうべき中条景泰は、これより八年後、織田軍の越中侵攻により、東部の魚津城に追い詰められた。柴田勝家・佐々成政らの猛攻に抗して、籠城戦数ヵ月に及んだが力尽き、他の上田衆らの守将と共に戦死を遂げている。二十五歳の若さであった（「吉江系譜」越佐六―二二三）。全十二名の守将（大将分）の一人藤丸勝俊は、元々は南加賀の江沼郡出身であり、一向一揆旗本から上杉配下となった人物だった。後退を続け、絶望的な戦いを強いられながらも最後まで上杉にかけたのである。彼らは、「もはやこれまで」と悟ると、本曲輪において自分の耳に穴を開け、そこに自らの名を記した板札をひもで括り付けると、腹を十文字に掻き切って果てたという。[7] 本能寺の変の翌日、天正十年（一五八二）六月三日の事だった（「上杉年譜」越佐六―二二九）。景勝が後詰出来なかった事情は、先に見たとおりである。

史料上からの推察にはなるが、水原常陸介ら上杉家臣が、死線をくぐり抜けてきた「いくさ」とは斯様なものであった。自分たちの明日を景勝に託した幾多の将兵・民衆の、血と死屍の上に築かれしものが、上杉君主としての意地（精神）を支えていたともいえるのではないだろうか。個人の権利が尊重される今とは違い、前近代を生きた封建君主たちにとって、「公的に振る舞う」とは、自分の為に死んでいった者たちの思いを胸に刻んで生きるという事だった。……秀吉はその事を忘れたがために、豊臣氏は二代で滅亡したのかもしれない。

「大坂の陣」を経て、幕藩体制の下、世が平和になろうとしていた江戸初期、水原常陸介のような「古武士」は、もはや必要がなくなっていた。

遠くから、鉄砲を一斉射撃する「子供いさかひのつぶて打合」――鴫野・今福の戦いは、相手と直接相対して闘う、いうなれば川中島の「白刃の修羅場」を経験してきた水原常陸介にとって、「武人人生」の最終舞台に映った事だろう。――自分は既に「用済み」なのだと悟ったようなものである。

水原常陸介が亡くなったのは、豊臣氏が滅亡した「大坂夏の陣」の翌年、大御所家康死去の年と同じく、元和二年（一六一六）の五月十三日という（米沢地名選）。主君景勝の死去は『上杉家御年譜』によれば、同九年（一六二三）三月二十日とある。

民衆の怨嗟を浴び続け、身分制社会の矛盾を一手に引き受けながらも、結果として前線指揮官水原常陸介たちの命がけの「闘い」がおよそ百五十年続いた戦国動乱を止揚し、すべての人々が希求した「天下泰平」を作り上げた推進力の一つとなったのは間違いないだろう。

論考2　註

（１）　『常山紀談』巻之二十

○上杉景勝志貴野口合戦の事（冒頭史料において、〈以下略〉とした後半部分）

「隅田は初に討負けたるを口惜しく思ひて、従者五人にて敵の中に紛れ入り、首二つ取つて帰る。景勝進んで押詰んと見えしかば、久世三四郎乗り來り、俄に城を攻めば死傷多からん。後陣の堀尾山城守忠晴と入れ替られよと仰せ候ぞ、といふ。景勝聞きも敢へず、弓取の先を争ふ時、一寸増しと言ふ事あり。今朝より激しく軍して取敷きたる所を、人に譲りて退く事や候、とて少しも動かず。丹羽長重、景勝の陣に行きて見れば、景勝将机に倚りて城中をはたと睨み、物具もせずして青竹を杖につき、左右に軍兵三百許鎗を横たへ跪きて、紺色に日の丸の旗毗の文字の旗二本に、淺黄の扇の馬印押立て、靜まりかへりて長重を見向きもせず。長重も勇将なるが、後に人に語りて景勝を褒められけり」

（２）　「上杉輝虎公記」には、「按、古志栃尾、蒲原三條方近ハ長尾家ノ本領ナリ、故ニ三條ノ山吉、栃尾ノ本庄等ハ、皆長尾家ノ代ナリ、為景死後、諸豪往々晴景ノ柔弱ヲ侮リ、不法ノ所業多カリシヲ以テ、晴景、景虎ヲ遣ハシ、本庄実乃等ト共ニ其本領ヲ統理シ、又諸豪ノ放肆ナルモノヲ鎮服セシメンコトヲ謀リタル也、是ニ於イテ諸豪或ハ景虎ニ服セス、栃尾ニ向テ地利ヲ取立、或ハ不慮ノ動ニ及ビタリシモノナラン〈以下略〉（傍線は筆者）」とある（越佐三―八六七）。

（３）　文禄三年定納員数目録は、先学の伊東多三郎先生の研究によれば、概略すると次のとおりである。

元来、原本があり、江戸時代に「原本から伝写の間に潤飾・加工が行われた」、従って、偽作・疑わしい部分がある事から、「概して参考的に使用すべき史料で、これを以て確定的結論を引き出してはならない」とある（新潟県史別編３人物編七八六頁）。

（4）　書中「今度於信州表、対晴信遂一戦、被得大利、八千余被討捕候〈中略〉自身被及太刀打段、無比類次第、天下之名誉候」と、持ち上げている（「富山県　太田作平氏所蔵【東大写真】」上越二九〇）。『上杉家文書』所収の「足利義輝御内書」等によれば、近衛前久（前嗣）は、当時、現職関白のまま越後・関東に下向している。

（5）　武田氏側の史料『妙法寺記』には、「永禄辛酉四年〈中略〉此年ノ十月十日ニ晴信公景虎ト合戦被成候而、景虎悉人数打死イタサレ申候、甲州ハ晴信御舎弟典厩ノ打死ニテ御座候〈以下略〉」とある（『山梨県史資料編6中世3下』）。信玄（当時は晴信）の実弟で、副大将の典厩信繁が戦死を遂げる程の激戦であれば、武田本陣が一時危うい状態であったと考えられる。上杉氏側も相当な死者が出た筈で、以後両者の直接対決は見られなかった。特に上杉氏は関東において、「味方中」の後詰が不可能となり、西上野の箕輪城や武蔵松山城など次々と属城を失っていく事となる。

（6）　『常山紀談』が「踏襲」したと思われる、先行史料の「上杉三代日記」によれば、須田・水原らと同様、安田上総介（能元）も槍隊を指揮して多大な戦功を上げた筈だが、上杉家執政である直江兼続と仲が悪かったため、（将軍家）に上奏されなかったとある（『上杉史料集㊦』所収）。

（7）　織田側の史料になる「佐々成政書状」によれば、「仍一昨日三日卯刻小津（魚津）城へ乗入、大将分十三名、其外城中ニ籠候一人も不残悉討果申候〈以下略〉」とある。つまり城将十三名は（自決ではなく）討ち果たした、と述べている（「福井県　佐野氏旧蔵」『富山県史史料編Ⅲ　近世上』）。

【主要参考文献】

『常山紀談』上巻・下巻　湯浅常山　鈴木棠三校注　角川文庫　昭和四十一年
『上杉家御年譜　三』景勝公⑵　米沢温故会　昭和

五十二年
『上杉史料集』上・中・下　井上鋭夫　校注　新人物往来社　昭和四十四年
『米沢古誌類纂　全』（米沢事蹟考・米沢鹿の子・米沢地名選）米沢古誌研究会　昭和四十九年

あとがき

卒業論文制作の時は、『埼玉県史』や『群馬県史』、『新潟県史』等のお世話になったが、今回は特に『上越市史』のお世話になった。勿論、『越佐史料』や先に挙げた県史等のお世話にもなっている。昨今、刊行されている自治体編纂史をはじめとして様々な活字史料は、文書の比較・検討に利用出来て大変にありがたい。

これも公的機関を含めて、文書の所有者や先学の研究者の方々のおかげである。何せ文献史学は史料がないとはじまらない。それは書状とか文字で書かれたものだけではない。建築物であるとか、絵画であるとかも貴重な史料となり得る。

謙信に関東管領職を譲った上杉憲政が住んだ越後府内の御館は発掘調査で、建物の礎石がないことが確認され、掘立式であったことが分かっている。羽生史談会で見学に行った群馬県の箕輪城本曲輪跡にも、筆者が見た限りでは建物の礎石は確認出来なかった。上杉憲政に関していえば、後々上野に戻るつもりであったのだろうか。

唐澤山城主であった佐野昌綱画像には、袴に家紋と思われるものが描かれている。藤原秀郷の末裔であるから、当然、巴紋か揚羽蝶紋であると思いがちだが、どう見ても州浜紋のようである。佐野昌綱画像は、同人が早逝（そうせい）した家臣、津布久昌成の菩提を弔うために建立した栃木県佐野市内の大庵寺に所蔵されている。州浜紋は津布久氏の家紋である。画像の賛を見れば、間違いなく昌綱本人が描かれているとわかるから、昌綱は津布久氏の州浜紋入りの袴を着用して供養に臨んだのかも知れない。

このように文献史料や遺構からは、事実の他、様々な推察が可能となる。写真でさえ、例えば『上越市史別編1　上杉氏文書一　別冊』は謙信の発給文書を主とした写真集だが、花押・印判は勿論の事、文書の破損、シミの状態までわかる。文書を長期に渡って保存するという事がいかに大変な作業か、察せられる。

我が家の本家にも、かつて古文書はたくさんあったと、親から聞いていたが、燃やしてしまったという事で現在は全く残っていない。襖に貼っていたとも聞いている。このような事例は全国に数え切れないほどある筈だ。

我が国は、国宝であるとかこれに準ずるもの以外の文化財はあまり大切にされていないようである。その根底には、人文知の軽視があるように思えてならない。すぐに金になるような目先優先の事業が重要視され、自分の口座に預金する際も6時を過ぎたら手数料がかかる。預金者をこれほどまでに愚弄した話があろうか。――渋沢栄一があの世でさぞかし悲しんでいるだろう。残念ながら、それが我が国の現状である。

古代中国の賢人として名高い孔子の言葉が残されている。「子曰、人而無遠慮必有近憂」(『論語衛霊公篇』より)

――子曰く、人而して遠き慮り無くば、必ず近きに憂い有り（ひとは遠い先まで見据えて事を行わなければ、必ず目前から憂いが生じる）、という。昔の人はわかっていたのである。

上杉謙信らが生きた戦国の動乱期は四百数十年前に終わっているが、我々は今、未曽有の世界同時における動乱期を生きている。なんだかんだいっても、物は豊富で相変わらず使い捨ての文明社会の中で「やりたい事」や「いいたい事」を我慢しない方向に向かって突き進んでいる。その一方でいつも泣いている人たちが存在しているのだ。企業は、やりたい事を我慢してもらったら儲からないし、第一、株取引というものは損をした人たちのお金が得をした人たちの懐へと流れる仕組みだ。でなければ、株の相対売買など成立しない。しかし、株は百年先、二百年先も値が上がり続けているのだろうか。

文明を手にした我々は、遠い未来まで考える事の出来る存在だ。だから安定した社会を築こうと組織的に努力してきたわけである。安定した平和な社会は、何か人類に災難が降りかかっても、皆で一致して問題解決に取り組む事が出来る。ではなぜ、いつも戦乱が絶えないのか。貧困がなくならないのか。――昔は神仏に祈りを捧げ、自然を敬い、また畏れた。謙信も信玄もそうだった。しかし、現代も大枠では同じような気がする。ただツールが違うだけのような……。

――人文知である。史料を繙き、地元の文化遺産に触れ、神々が宿る山を仰ぐべし。なんだか赤城山を間近に見たくなってくる。上杉謙信が近づいてくる。羽生のハス田が近づいてくる。戦国人たちの気配と息遣いが、史料の上に立ち上ってくるのがわかる。これは妄想ではなく、歴史への共感である。良い事ばかりはない。否、むしろ厳しく悲惨な現実が多かった時代に目を向けた時、生きるとはどういう事なのか、深く考えざるを得ない。

最後に、遅れ遅れの原稿でご迷惑をかけたが、さきたま出版会の皆さん他、刊行にご協力いただいた方々に厚く感謝申し上げる。

著者プロフィール

金子 太治（かねこ・たいじ）
1960年　静岡県浜北市（現浜松市）に生まれる。
花園大学文学専攻科史学専攻修了。
30数年間福祉施設職員として勤務。傍らで小説も執筆。
定年退職後は、家事をしながら文芸活動にいそしむ。
主には俳句・詩、歴史研究書を執筆している。
著作は他に、『俺たちの戦国　タイムスリップした昭和の高校生』幻冬舎　2017年
羽生史談会会員　埼玉県地方史研究会会員。

戦国（せんごく）の栄光（えいこう）—— 上杉謙信は何を目指したか

2024年1月28日　初版第1刷発行

著　　者　金子 太治
発 行 所　株式会社 さきたま出版会
〒336-0022 さいたま市南区白幡3-6-10
電話　048-711-8041
振替　00150-9-40787
印刷・製本　関東図書株式会社

Taiji Kaneko　©2024 ISBN 978-4-87891-492-8